L'ESPRIT CHRÉTIEN

ET

LE PATRIOTISME

OUVRAGES DU MÊME AUTEUR

COMTE LÉON TOLSTOÏ

L'ESPRIT CHRÉTIEN

ET LE

PATRIOTISME

ÉDITION ORIGINALE

PARIS

LIBRAIRIE ACADÉMIQUE DIDIER

PERRIN ET Cie, LIBRAIRES-ÉDITEURS

35, QUAI DES GRANDS-AUGUSTINS, 35

1894

Tous droits réservés

Les fêtes franco-russes qui ont eu lieu en France, au mois d'octobre de l'an dernier, ont provoqué chez moi, et probablement aussi chez beaucoup de personnes, tout d'abord une impression comique, puis de l'incertitude, enfin de l'indignation. Je voulais exprimer ces sentiments dans un court article de journal; mais, à force de réfléchir aux causes et à la signification de ce singulier événement, je suis arrivé à faire les considérations que je présente ici au lecteur.

L'ESPRIT CHRÉTIEN

ET LE

PATRIOTISME

I

Les Russes et les Français, depuis des siècles, se connaissaient; parfois, ils avaient eu des rapports amicaux, mais le plus souvent, par malheur, leurs Gouvernements les avaient mis en guerre les uns contre les autres. Tout à coup, une chose étrange se fit. Parce que, il y a deux ans, une escadre française vint à Cronstadt, et que ses officiers, descendus à terre, burent et mangèrent beaucoup, tout en écoutant et en prononçant des paroles mensongères et sottes, — et, parce que, en 1893, une escadre russe, à son tour, se présenta à Toulon, et que ses officiers, venus à Paris, burent et mangèrent beaucoup, tout en écoutant et en prononçant des paroles encore plus mensongères et sottes, — pour cette double raison, voici ce qui arriva : non seulement les gens qui avaient bu, mangé et discouru, mais encore tous ceux qui avaient été présents à ces fêtes, tous ceux même qui n'y avaient pas été, mais en avaient entendu parler ou en avaient lu des comptes rendus, des millions de Russes et de Français, en un mot, se prirent à penser tout à coup qu'ils s'aimaient d'une affection toute particulière, que tous les Russes adoraient tous les Français, et que tous les Français adoraient tous les Russes.

Ces sentiments s'exprimèrent en France, au mois d'octobre dernier, de la façon la plus inattendue.

Voici la description de l'arrivée des marins russes à Toulon; je l'emprunte au *Siélski Viéstnik*, journal dont les informations sont un résumé de la presse.

« La rencontre des navires russes et français fut saluée non seulement par des coups de canon, mais encore par des cris enthousiastes de : « Hourra! Vive la Russie! vive la France! »

« A cela se joignirent les accords de nombreuses musiques (il s'en trouvait même sur des vaisseaux appartenant à des particuliers), qui jouaient l'Hymne russe et la Marseillaise. Sur les bateaux des particuliers, le public agitait des mouchoirs, des drapeaux, des chapeaux, des bouquets ; certaines barques étaient pleines de paysans et de paysannes avec leurs enfants ; tous tenaient des bouquets à la main, et même les enfants, agitant des fleurs, criaient de toutes leurs forces : « Vive la Russie! » Nos marins, en présence d'un pareil enthousiasme populaire, ne pouvaient retenir leurs larmes.

« Dans le port, tous les vaisseaux de guerre français, qui se trouvaient à Toulon, avaient été rangés sur deux files, et notre escadre s'avança au milieu d'eux, le cuirassé de l'amiral en tête. Ce fut une minute solennelle.

« Du cuirassé russe partirent quinze

coups de canon tirés en l'honneur de l'escadre française ; le cuirassé français répondit par une double salve de trente coups de canon. Sur les vaisseaux français retentit l'Hymne russe. Les matelots français se pressaient sur les mâts et sur les vergues. Des cris de bienvenue montent de partout ; des toques de marins, des chapeaux, des mouchoirs s'agitent en l'honneur des chers hôtes. De tous côtés, sur la rade et sur le rivage retentissent des cris de : « Vive la Russie ! vive la France ! »

« Conformément au règlement maritime, l'amiral Avelane descendit à terre avec les officiers de son état-major, afin de saluer les autorités locales. Sur la jetée, les Russes furent reçus par l'état-major de l'escadre française. Au bruit des coups de canon et au son des cloches, les officiers se serrèrent amicalement les mains. Une musique exécutait l'Hymne russe, couvert par les cris de : « Vive le tsar ! vive la Russie ! » Les témoins de cette scène rapportent qu'à ce moment l'enthousiasme de l'énorme foule fut à son comble, et que les mots ne sauraient rendre les sentiments qui emplissaient les cœurs de tous les assistants. L'amiral Avélane, tête nue, s'avança, suivi des officiers russes et français, jusqu'au bâtiment de la direction maritime, où l'attendait le ministre de la marine.

« En recevant l'amiral, le ministre dit : « Cronstadt et Toulon, ces deux villes témoignent de la sympathie qui existe entre les peuples russe et français. Partout on vous accueillera en amis.

« Le Gouvernement et toute la France vous souhaitent la bienvenue, à vous et à vos compagnons, car vous représentez un peuple grand et généreux. » L'amiral répondit qu'il était hors d'état d'exprimer toute sa reconnaissance : « L'escadre russe et toute la Russie, ajouta-t-il, vous seront reconnaissantes de votre accueil. » Après avoir échangé quelques mots avec le ministre, l'amiral le remercia derechef de l'accueil qui lui était fait, et ajouta : « Je ne veux pas me séparer de vous sans prononcer cette parole qui est gravée dans tous les cœurs russes : «Vive la France[1]! »

[1] *Siélski Viéstnik*, 1893, n° 41.

Telle fut la réception faite aux Russes à Toulon ; à Paris, ce fut mieux encore. Voici la description que les journaux en ont donnée :

« Tous les regards sont dirigés sur le boulevard des Italiens, par où les marins russes doivent arriver. De loin, on entend comme un ouragan de cris et d'applaudissements. Le bruit augmente d'instant en instant : évidemment, l'ouragan approche. Sur la place se produit un grand mouvement. Les agents de police se précipitent pour ouvrir le passage jusqu'au Cercle militaire, mais ce n'est pas chose facile. Dans la foule, on s'écrase invraisemblablement... Enfin, apparaît sur la place la tête du cortège. Au même moment, on entend des cris assourdissants de : « Vive la Russie !

Vivent les Russes ! » Tout le monde se découvre. Les fenêtres, les balcons, les toits regorgent de monde : on agite des mouchoirs, des chapeaux, des drapeaux ; on jette des étages supérieurs des nuées de cocardes multicolores. Au-dessus des têtes de la foule qui couvre la place, des chapeaux et des mouchoirs s'agitent comme des vagues. « Vive la Russie ! » « Vivent les Russes ! » On tend les mains aux chers hôtes, on imagine cent moyens de leur témoigner sa sympathie [1]. »

Un second journaliste écrit que l'enthousiasme de la foule touchait au délire. Un autre publiciste russe parle en ces termes de la réception des marins russes :

[1] *Novoié Vrémia.*

« En vérité, ce fut un événement d'une portée universelle, qui vous frappait d'étonnement, vous touchait aux larmes, qui élevait l'âme et *faisait courir en vous ce frisson d'amour grâce auquel on voit dans tous les hommes des frères, grâce auquel on se prend à détester l'effusion du sang et les annexions violentes qui arrachent des enfants à leur mère.*

« Durant quelques heures, je vécus comme dans un brouillard. J'éprouvais un sentiment étrange et presque accablant, à me voir, à la gare de Lyon, au milieu des représentants de l'administration française en uniformes brodés d'or, et des conseillers municipaux en habit, d'entendre crier : « Vive la Russie! » « Vive le tsar! » tandis que notre Hymne national retentissait. Où suis-je? pensais-je. Que s'est-il passé? Ne sent-on pas ici un courant d'amour et de fraternité, un sentiment sublime, idéal, qu'on n'éprouve qu'aux minutes solennelles! Mon cœur était plein de sensations si belles, si pures, si élevées, que ma plume ne peut les rendre. Les mots font pâle figure auprès de ce que j'ai vu, de ce que j'ai ressenti. Ce n'était pas de l'enthousiasme, ce mot est trop banal : c'était plus encore, c'était quelque chose de plus pittoresque, de plus profond, de plus joyeux, de plus varié. Rien ne saurait exprimer ce qu'on éprouva lorsque, au balcon du Cercle militaire, l'amiral Avelane parut. Les mots ici n'exprimeraient rien. Durant la prière, tandis que les chantres entonnaient : « Sauve, ô Seigneur, tes créatures, » les portes ouvertes de l'église laissaient pénétrer les accents de la Marseillaise qu'une fanfare jouait dans la rue. Ce fut une impression inexprimable [1]. »

[1] *Novoié Vrémia*, 17/29 oct. 1893.

Arrivés en France, les marins russes, durant deux semaines, passèrent de fête en fête ; au milieu ou à la fin de chacune d'elles, ils mangèrent, burent et prononcèrent des discours. Et des détails précis, relatifs aux lieux où ils furent, ainsi qu'à leurs menus et aux paroles qu'ils prononcèrent, furent communiqués par télégrammes à toute la Russie. Chaque fois qu'un capitaine russe buvait à la santé de la France, on le faisait savoir aussitôt au monde entier, et chaque fois que l'amiral disait : « Je bois à la belle France ! » l'univers en était avisé sur-le-champ. On fit mieux encore : non contents de reproduire les toasts, les journaux imprimèrent les menus de tous les dîners offerts. Ainsi, dans un numéro de journal, on disait que le dîner avait été savamment composé comme suit :

Consommé de volailles ; petits pâtés
Mousse de homard parisienne
Noisette de bœuf à la béarnaise
Faisans à la Périgord
Casseroles de truffes au champagne
Chaufroids de volaille à la Toulousaine
Salade russe
Croûte de fruits Toulonnaise
Parfaits à l'ananas
Desserts.

Dans le numéro suivant, on lisait : « Le

dîner ne le cédait en rien aux précédents.
Voici quel était le menu :

Potage livonien et Saint-Germain
Zéphirs Nantua
Esturgeon braisé moldave
Selle de daguet grand veneur, » etc. etc.

On publia aussi les discours prononcés ;
mais les menus étaient plus variés que les
discours. Ce furent toujours les mêmes idées
sous des formes différentes. Le fond de ces
paroles était partout le même : « Nous nous
aimons tendrement les uns les autres ; nous
sommes transportés de joie à l'idée que
nous nous sommes pris si subitement en
affection. Notre but n'est pas la guerre, la
revanche, la conquête des provinces ravies !
Non ! notre but est la paix, la paix bienfaisante ; nous voulons assurer la paix et la

tranquillité de l'Europe. Vivent l'empereur
et l'impératrice de Russie : nous les aimons
et nous aimons la paix. Vivent le président
de la République et son épouse; nous les
aimons, eux aussi, et nous aimons la paix,
ainsi que le chef de l'escadre russe. Vivent
la France et la Russie, leur flotte et leur
armée ; nous aimons l'armée, mais nous
aimons aussi la paix ! » Les discours finis-
saient régulièrement, comme par un refrain,
par ces mots : *Toulon, Cronstadt*, ou bien :
Cronstadt, Toulon. Le nom de ces lieux,
où tant de mets divers et de boissons variées
avaient été absorbés, se prononçait comme
rappelant les hauts faits éclatants des représentants des deux peuples ; il semblait
qu'après avoir prononcé ces noms on n'eût
plus rien à ajouter, car tout était compris.

« Nous nous aimons les uns les autres, et nous aimons la paix. *Toulon, Cronstadt!* » Qu'est-il besoin d'ajouter à ces mots? surtout quand on parle aux accents confondus de deux hymnes, dont l'un représente le tsar et demande à Dieu de répandre sur lui ses bienfaits, tandis que l'autre maudit tous les tsars et leur prédit l'extermination.

Ceux qui avaient exprimé avec bonheur leurs sentiments d'affection, reçurent des décorations et des récompenses ; quelques personnes même qui, probablement, profitaient du superflu des sentiments d'amour, reçurent les cadeaux les plus étranges et les plus inattendus : c'est ainsi qu'une province française offrit au tsar un livre en or, dans lequel rien n'était imprimé, ou du moins rien qu'il importât à personne de savoir. C'est ainsi que le chef de l'escadre russe reçut, entre autres présents, une charrue en aluminium, couverte de fleurs.

Ces étranges manifestations furent accompagnées de cérémonies religieuses plus étranges encore, et de prières publiques : les Français, pourtant, paraissaient en avoir dès longtemps perdu l'habitude. J'ai peine à croire que, depuis le temps du Concordat, pareille quantité de prières publiques aient été dites. Tous les Français devinrent pieux en un moment ; ils suspendirent avec grand soin dans les chambres des marins russes ces mêmes images religieuses que, peu de temps auparavant, ils avaient enlevées avec autant de soin des murs de leurs écoles, comme autant d'instruments de supersti-

tion ; et, sans trêve, on les vit en prières.
Les cardinaux et les évêques prescrivirent
partout des prières, et en firent eux-mêmes
des plus étranges. Ainsi, l'évêque de Toulon,
au lancement du cuirassé *le Jauréguiberry*,
adressa sa prière au Dieu de la paix, tout
en donnant à entendre que, le cas échéant,
il pourrait s'adresser aussi au Dieu de la
guerre : « Dieu seul, dit-il, en parlant du
navire, Dieu seul sait quel doit être son sort.
Lancera-t-il la mort de ses flancs redou-
tables ? Nul ne le sait. Mais si, après avoir
imploré ici le Dieu de la paix, il nous était
réservé, dans la suite, d'implorer le Dieu
des combats, *le Jauréguiberry*, nous en
sommes sûrs, irait alors à l'ennemi, de
conserve avec ces puissants navires, dont
les équipages viennent de fraterniser avec

les nôtres. Puisse pourtant cet avenir ne pas lui être réservé! Puissent les fêtes que nous célébrons ici ne laisser que des souvenirs pacifiques, comme le souvenir du grand duc Constantin (Constantin Nicolaïevitch vint à Toulon en 1857), qui assista ici même au lancement du *Quirinal!* Puisse l'amitié de la Russie et de la France faire de nos deux nations les gardiennes de la paix ! »

Cependant, des milliers de télégrammes s'échangeaient entre la Russie et la France. Les femmes de France félicitèrent les femmes de Russie; celles-ci, à leur tour, exprimèrent leur reconnaissance. Une troupe d'acteurs russes félicita les acteurs français; les acteurs français répondirent que l'accueil de leurs collègues russes resterait gravé au fond de leur cœur. Des étudiants en droit exprimèrent leur enthousiasme à la nation française. Tel général félicita madame une telle ; madame une telle assura le général de son dévouement à la Russie. Des enfants russes envoyèrent à des enfants français des compliments en vers ; les petits Français répondirent en vers et en prose. Le ministre de l'Instruction publique, en Russie, assura le ministre de l'Instruction publique, en France, de l'affection subite que venaient de ressentir à l'égard des Français tous les enfants, les savants, les écrivains qui dépendaient de son administration ; les membres de la Société protectrice des animaux exprimèrent aux Français leur attachement ; le conseil municipal de Kazan fit de même.

Un chanoine du diocèse d'A... assura le *Protopresbyter* de la cour impériale que, dans le cœur de tous les cardinaux et évêques de France, brûlait un vif amour pour la Russie, pour Sa Majesté Alexandre III et son auguste famille. Il ajouta que le clergé de France et celui de Russie avaient presque la même croyance : tous deux n'honorent-ils pas la sainte Vierge ! A cela, le *Protopresbyter* répondit que les prières du clergé français pour la famille impériale éveillaient une joie profonde dans le cœur de tout le peuple russe *qui aime le tsar;* il dit encore que, comme le peuple russe honorait aussi la sainte Vierge, il pouvait compter sur la France, à la vie, à la mort.

Des sentiments analogues furent exprimés par des généraux, des télégraphistes et des marchands épiciers. Tous eurent quelqu'un à remercier et à féliciter.

Le transport fut si grand que les actions les plus étranges furent faites sans qu'on en remarquât l'étrangeté ; tout au contraire, on les encouragea, on porta aux nues leurs auteurs, et chacun, craignant de rester en arrière, s'empressa de les imiter. Si quelques protestations se faisaient jour contre ces folies, on les cachait, ou bien on les étouffait [1].

[1] Je sais par exemple une protestation que des étudiants envoyèrent à Paris, mais que pas un journal ne voulut imprimer. La voici :

LETTRE OUVERTE AUX ÉTUDIANTS FRANÇAIS

« Il y a peu de temps, un petit comité d'étudiants en droit de Moscou, leurs inspecteurs en tête, eut l'audace

Sans parler même des millions de journées de travail qui ont été perdues à l'oc-

de parler au nom de tous les étudiants de Moscou, à propos des fêtes de Toulon.

« Nous qui représentons « l'Union des compatriotes », nous protestons énergiquement, d'une part, contre le titre que s'est donné le comité dont nous parlons, et, d'autre part, contre les échanges de félicitations qui ont eu lieu entre lui et les étudiants français. Nous aussi nous avons pour la France une vive affection et un profond respect, parce que nous voyons en elle une grande nation qui a toujours été à la tête du progrès, qui a su inspirer et faire vivre dans le monde entier les grandes idées de liberté, d'égalité et de fraternité et parce que c'est elle qui, la première, a fait d'audacieuses tentatives pour réaliser ces grandes idées; oui, la meilleure part de la jeunesse russe a toujours été prête à féliciter la France, parce qu'elle nous a précédés dans la bataille pour le bien futur de l'humanité. Mais nous ne pensons pas que des fêtes comme celles de Cronstadt et de Toulon puissent servir de prétextes à de pareilles félicitations.

« Tout au contraire, ces fêtes sont le signe d'un phénomène attristant, mais passager sans nul doute : la trahison de la France vis-à-vis du grand rôle histo-

casion de ces fêtes, sans parler des beuve-
ries immodérées qu'encourageaient les

rique qu'elle a joué jusqu'ici. Le pays qui jadis a invité
le monde entier à briser les chaînes du despotisme et
qui a offert un secours fraternel à tous les peuples,
soulevés pour leur indépendance, — ce pays, maintenant, encense le Gouvernement russe qui paralyse sys-
tématiquement le développement normal et organique
de la vie du peuple russe, et qui, sans pitié, étouffe
tous les efforts que fait la société russe vers la lumière
et la liberté. La manifestation de Toulon est un des
actes du drame provoqué entre la France et l'Allemagne par l'antagonisme de Napoléon III et de Bis-
marck. Cet antagonisme force l'Europe entière à vivre
sous les armes et fait que l'arbitre des destinées du
monde est cet absolutisme qui a toujours été le ferme
soutien de l'arbitraire contre la liberté, des exploiteurs
contre les exploités. Un sentiment douloureux, vis-à-
vis de notre pays, une profonde pitié pour l'aveugle-
ment d'une grande partie de la société française, voilà
ce que provoque en nous cette série de fêtes.

« Nous sommes intimement convaincus que la jeune
génération française ne se laisse pas entraîner par le
chauvinisme national, et qu'elle est prête à lutter pour
ce courant social qui entraîne l'humanité; nous espé-

autorités elles-mêmes, et des discours vides qui furent prononcés, sans parler de tout cela, les actions les plus stupides et les plus cruelles furent faites sans que nul y prêtât attention.

C'est ainsi que plusieurs dizaines de personnes furent écrasées, et que personne n'a cru utile de rappeler ce fait. Un journaliste a écrit qu'un Français lui dit, dans un bal, qu'on trouverait difficilement à Paris, une femme qui ne fût pas prête à oublier ses devoirs pour satisfaire les désirs d'un marin russe : et tout cela passa

rons qu'elle saura juger comme il convient les événements actuels. Nous espérons que notre brûlante protestation trouvera un écho dans les cœurs de la jeunesse française. »

« Le conseil de « l'*Union des 24 groupes de pays* »,
à l'université de Moscou. »

inaperçu, comme une chose toute natu-
relle. On vit même des cas de folie carac-
térisée. Ainsi une femme, enveloppée d'une
étoffe aux couleurs françaises et russes,
attendit l'arrivée du cortège et se précipita
dans la Seine en criant : « Vive la Russie ! »

D'ailleurs, dans toutes ces réjouissances,
les femmes ont joué un rôle prépondérant
et ont plus d'une fois dirigé et entraîné
leurs maris. Non contentes de lancer des
fleurs et des rubans, de faire des cadeaux
et d'écrire des adresses, les femmes, dans
la rue, se jetaient au cou des marins russes
et leur demandaient de les embrasser : si
ces derniers y consentaient, c'était un ton-
nerre d'applaudissements.

Cet étrange enthousiasme était conta-
gieux. Un journaliste raconte qu'un mate-

lot, en apparence très sain d'esprit, sauta un jour à la mer en criant: « Vive la France ! » Quand on l'eut tiré de l'eau, on lui demanda pourquoi il s'était jeté par-dessus bord ; il répondit qu'il avait fait vœu, en l'honneur de la France, de faire en nageant le tour de son navire.

Ainsi, l'enthousiasme, que rien n'arrêtait, grandit de plus en plus comme une boule de neige humide que l'on fait rouler, et il atteignit un tel degré que, non seulement les gens nerveux, mais même les personnes les plus fortes et les plus saines furent emportées par le courant et se trouvèrent dans un état d'esprit tout à fait anormal.

Je me souviens que moi-même, lisant distraitement une de ces descriptions de l'accueil enthousiaste fait à nos marins, je me sentis tout à coup gagné par une sorte d'attendrissement ; même, je sentis que j'étais prêt à pleurer, et je dus faire un effort pour résister à cette émotion.

Il y a quelque temps, M. Sikorski, professeur de psychiàtrie, décrivait dans les *Annales* de l'Université de Kief, une épidémie psychopathologique. qui s'était propagée dans quelques villages du gouvernement de Kief; voici quelle en était la cause : sous l'influence d'un certain Malévanne, quelques personnes appartenant à des villages du canton de Vasilkovski s'imaginèrent que la fin du monde était imminente. Aussitôt, ces personnes changèrent de vie, partageant leurs biens, se parant de beaux vêtements, buvant et mangeant bien et, enfin, cessant tout travail. Le professeur trouva que leur état d'esprit n'était pas normal. Voici ce qu'il écrivit à ce propos : « Leur félicité inaccoutumée se transformait souvent en exaltation, en un état de joie auquel on ne voyait pas de motifs apparents ; ils avaient une tendance sentimentale, ils étaient polis jusqu'à l'excès, remuants, bavards, et aussi prompts à verser des pleurs de joie qu'à sécher leurs larmes. Ils vendaient les objets nécessaires à la vie, afin de se procurer des ombrelles, des mouchoirs de soie, bref, des objets uniquement destinés à la parure. Ils mangeaient beaucoup de douceurs. Leur état d'esprit était celui des gens contents de vivre, et d'ailleurs ils vivaient absolument sans rien faire ; ils se faisaient des visites et se promenaient par groupes. » «... Chaque fois que je leur faisais remarquer la sottise de leur refus de travailler, ils me répondaient invariablement ceci : « Si l'envie m'en vient, je travaillerai ; sinon, à quoi bon me forcer ! »

Le savant professeur considère l'état de ces personnes comme un cas caractérisé de psychopathie, et conseille au Gouvernement de prendre des mesures pour en éviter la propagation. Il termine en disant : « Cette épidémie est comme le cri de douleur d'une population malade qui prie qu'on la délivre de l'alcool et qu'on améliore ses moyens d'instruction et sa condition sanitaire. »

Or, si l'épidémie de Malévanne indique tout cela, quel affreux cri de douleur, et quel ardent désir d'être délivré de l'alcool, ainsi que des mensonges de la vie sociale, faut-il donc voir dans cette maladie nouvelle qui a éclaté à Paris, s'est propagée dans les villes françaises, et a saisi presque toute la partie dirigeante de la Russie civilisée ?

Et, si l'on convient que l'affection psychopathique des compagnons de Malévanne était dangereuse et que le Gouvernement a bien fait de suivre les conseils du professeur en mettant quelques-uns des meneurs dans une maison de fous, d'autres dans des couvents, et en envoyant le reste au fond de la Sibérie, — combien plus dangereuse doit paraître l'épidémie qui s'est

montrée à Toulon et à Paris, pour se répandre de là sur toute la France et toute
la Russie ! N'est-il pas encore plus nécessaire, dans le cas présent, que, sinon le
Gouvernement, du moins la Société,
prenne des mesures décisives pour empêcher la propagation de cette maladie ?

L'une et l'autre épidémie se ressemblent,
en effet, de tous points. Dans la seconde,
on remarque, comme dans la première, un
épanouissement de joie tout à fait extraor-
dinaire, qui se manifeste par une exaltation
sans cause, par un accès de sentimenta-
lisme, par une politesse exagérée, par un
besoin de bavarder, par des larmes d'attendrissement versées sans cause et séchées
de même, par une disposition à quitter
tout travail, à se promener, à faire des vi-

sites, à revêtir de beaux habits et à préférer les mets recherchés ; par des discours
insensés et fumeux, par des chants et de la
musique, par la prééminence accordée aux
femmes, et enfin, dans bien des cas, par
la phase clownesque des *attitudes passion-
nelles* notée par le professeur Sikorski dans
son étude ; j'entends, en effet, par là ces
diverses poses affectées que prirent tant de
gens, durant les réceptions triomphales et
les toasts prononcés à la fin des dîners.

La ressemblance est parfaite, sauf en un
point ; or, ce point d'écart a une importance énorme. Ici, en effet, il s'agit d'un
cas de folie atteignant quelques dizaines de
paisibles villageois qui, vivant de leur travail, ne pouvaient exercer sur leurs voisins aucune contrainte, et ne leur trans-

mettaient la contagion qu'en leur décrivant leur état d'âme ; — là, au contraire, le vent de folie a soufflé sur des millions d'hommes qui disposent de sommes énormes et de moyens considérables pour exercer une pression sur leur prochain, qui ont des fusils, des canons, des forts, de la mélinite, de la dynamite, qui disposent du moyen le plus sûr pour répandre leur folie, à savoir la poste, le télégraphe, le téléphone et une quantité innombrable de journaux qui en portent le germe dans le monde entier.

Il y a une différence encore : tandis que les premiers ne se grisent point et ne touchent même pas à l'alcool, les seconds se trouvent sans cesse dans un état de demi-ébriété. Ainsi donc, entre les deux

sociétés où ces événements ont eu lieu,
entre les villages voisins de Kief, où durant l'épidémie, pas un crime, pas un
meurtre n'a été commis, et Paris, où, durant la marche d'un cortège, vingt femmes
ont été écrasées, il y a la même différence
qu'entre un charbon qui, s'échappant du
poêle, achève de se consumer sur le plan-
cher, et un incendie qui dévore la porte et
les murs de la maison. Au pis aller, les
suites de l'épidémie de Kief, les voici : les
paysans de la millionième partie de la Russie auront dépensé leurs épargnes et ne
pourront payer leurs redevances à la cou-
ronne. Au contraire, les suites de l'épidémie de Toulon et de Paris, qui a atteint
des gens infiniment puissants, qui disposent de sommes énormes et d'instru-

ments leur permettant d'agir par la violence et de transmettre au loin leur folie,
— ces suites peuvent et doivent être terribles.

IV

On peut avec un sentiment de pitié
prêter l'oreille aux sottises que dit un vieux
fou faible et sans armes, vêtu d'une robe
de chambre et d'un bonnet de nuit ; on
peut même ne pas le contredire et, en manière de plaisanterie, lui donner raison ;
mais, quand il s'agit d'une multitude de
fous robustes, échappés de leurs cellules
et armés des pieds à la tête de couteaux,
de sabres et de revolvers chargés, qu'ils
brandissent au hasard, — alors, non seu-

lement on ne peut les laisser faire, mais on ne peut même rester calme un seul instant en leur présence. C'est en cet état d'exaltation, produit par les fêtes franco-russes, que se trouvent à présent la société française et la société russe. Or, ces gens que vient d'atteindre l'épidémie psychopathique ont en leurs mains les plus terribles instruments de mort et de destruction.

Oui, sans doute, dans tous les discours, dans tous les toasts prononcés durant les fêtes, dans tous les comptes rendus qui en ont été faits, on n'a cessé de répéter que tout ce qui se passait devait avoir pour effet d'assurer la paix du monde. Et même, les partisans de la guerre n'ont pas parlé de leur haine pour les ravisseurs de provinces, mais seulement de je ne sais quel amour qui hait.

Mais on connaît la ruse des gens atteints de maladies mentales : elle consiste ici à répéter sans cesse que nous ne voulons pas la guerre et à passer sous silence ce à quoi pense tout le monde : c'est là le phénomène le plus inquiétant.

Dans le toast qu'il porta à la fin du dîner à l'Élysée, l'ambassadeur de Russie s'exprima en ces termes : « Avant de prononcer un toast qui trouvera un écho non seulement au fond du cœur de tous ceux qui se trouvent dans ces murs, mais aussi chez tous ceux qui, de près ou de loin, sur tous les points de la grande et belle France, ainsi que de la Russie, sentent leurs cœurs battre à l'unisson avec le nôtre, — permettez-moi de vous exprimer notre reconnaissance pour les paroles de bienvenue que vous avez adressées à l'amiral chargé par le tsar de rendre la visite de Cronstadt. Dans votre haute situation, vos paroles caractérisent la signification sincère des fêtes *pacifiques* qui ont été célébrées avec un si bel accord, avec tant de franchise et de loyauté. »

Dans le discours du président de la République, nous trouvons aussi une allusion à la paix que rien ne justifie : « Les liens d'amour qui unissent la Russie et la France, dit-il, et qui ont été fortifiés, il y a deux ans, par les touchantes manifestations dont notre flotte a été l'objet à Cronstadt, se sont resserrés chaque jour, et l'échange *honnête* de nos sentiments d'amitié doit transporter tous ceux qui ont à cœur les bienfaits de la *paix*, de la confiance mutuelle, de la sécurité, » etc.

Dans ces deux discours, on parle, d'une façon tout à fait inattendue et sans raison aucune, des bienfaits de la paix et des fêtes pacifiques.

Il en fut de même dans les télégrammes échangés entre l'empereur de Russie et le président de la République. Le tsar télégraphia :

« Au moment où l'escadre russe quitte la France, il me tient à cœur de vous exprimer combien je suis touché et reconnaissant de l'accueil chaleureux et splendide que mes marins ont trouvé partout sur le sol français. Les témoignages de vive sympathie qui se sont manifestés encore une fois avec tant d'éloquence joindront un nouveau lien à ceux qui unissent les deux pays, et contribueront, je l'espère, à l'affermissement de la *paix* générale, objet de leurs efforts et de leurs vœux les plus constants. »

Le président de la République répondit :

« La dépêche dont je remercie Votre Majesté m'est parvenue au moment où je quittais Toulon pour rentrer à Paris. La belle escadre sur laquelle j'ai eu la vive satisfaction de saluer le pavillon russe dans les eaux françaises, l'accueil cordial et spontané que vos braves marins ont rencontré partout en France affirment une fois de plus avec éclat les sympathies sincères qui unissent nos deux pays. Ils marquent en même temps une foi profonde dans l'influence bienfaisante que peuvent exer-

cer ensemble deux grandes nations dé-
vouées à la cause de la *paix*. »

Ici encore, sans raison, ces deux télégrammes parlent de la paix, qui, en réalité,
n'a rien à faire avec les fêtes données aux
marins.

Il n'y a pas un discours, pas un compte
rendu, où l'on ne dise que le but de ces
orgies est d'assurer la paix de l'Europe. A
la fin du dîner offert par les représentants
de la presse russe, tout le monde parle de
la paix. M. Zola qui, peu de temps auparavant, écrivait que la guerre est inévitable et
même utile, et M. de Vogué, qui, plus d'une
fois, a exprimé la même idée, ne disent
pas un mot de la guerre et ne parlent que
de la paix. On ouvre la session de la
Chambre par des discours sur les fêtes

passées : tous les orateurs déclarent que ces fêtes sont une déclaration de paix à l'Europe.

On dirait un homme qui entre dans une société pacifique et déclare avec insistance qu'il n'a l'intention de briser les dents, de pocher les yeux, de rompre les os à qui que ce soit, mais qu'il veut au contraire passer tranquillement la soirée. — « Mais personne n'en doute, » a-t-on envie de lui répondre. « Si vous avez des intentions de ce genre, inutile de nous en parler. »

Dans quelques comptes rendus, on voit exprimée directement et avec candeur la joie que l'on a éprouvée à constater que, nulle part, on n'avait prononcé le mot que, d'accord tacite, il était convenu de taire. Une fois seulement un maladroit, que d'ailleurs la police a arrêté sur-le-champ, cria ce que tous avaient dans l'esprit : « A bas l'Allemagne ! » Tels des enfants, si heureux de dissimuler une espiéglerie, que leur joie même les trahit.

Voyons, pourquoi se réjouir si fort de ce que personne n'ait parlé de la guerre, si en réalité nous n'y pensons pas ?

V

Personne ne songe à la guerre, mais on
y consacre des milliards, et des millions
d'hommes sont là sous les armes dans les
deux pays.

— Mais on fait tout cela pour assurer la
paix. *Si vis pacem, para bellum*. L'empire,
c'est la paix ; la république, c'est la paix.

— S'il en est ainsi, pourquoi, chez
nous, en Russie, les journaux destinés
aux gens éclairés expliquent-ils les avantages que présente notre alliance avec la

France en cas de guerre avec l'Allemagne? Et même, dans le *Siélski Viéstnick*, journal publié par le Gouvernement pour le peuple, on veut persuader à ce malheureux peuple trompé par le Gouvernement, que: « Être ami avec la France est pour la Russie un grand avantage, car si, contre toute attente, l'Allemagne, l'Autriche et l'Italie s'avisaient de rompre la paix faite avec nous, bien qu'alors la Russie pût à elle toute seule, et avec l'aide de Dieu, se défendre et se mesurer avec la très puissante fédération de ses adversaires, la lutte, cependant ne serait pas facile et n'irait pas sans de grosses pertes et de grands sacrifices... etc. » (1893, *S. V.*, n° 43.)

Pourquoi aussi dans les écoles françaises enseigne-t-on l'histoire avec le manuel de

M. Lavisse dans lequel je lis (21ᵉ éd., 1889) :

« Depuis que l'insurrection de la Commune a été vaincue, la France n'a plus été troublée. Au lendemain de la guerre, elle s'est remise au travail. Elle a payé aux Allemands sans difficulté l'énorme contribution de guerre de 5 milliards. Mais la France a perdu sa renommée militaire pendant la guerre de 1870. Elle a perdu une partie de son territoire. Plus de 1,500.000 hommes qui habitaient nos départements du Haut-Rhin, du Bas-Rhin et de la Moselle et qui étaient de bons Français, ont été obligés de devenir Allemands. Ils ne sont pas résignés à leur sort. Ils détestent l'Allemagne ; ils espèrent toujours redevenir Français. Mais l'Allemagne tient à sa conquête et c'est un grand pays dont tous les habitants aiment sincèrement leur patrie, et dont les soldats sont braves et disciplinés. Pour reprendre à l'Allemagne ce qu'elle nous a pris, il faut que nous soyons de bons citoyens et de bons soldats. C'est pour que vous deveniez de bons soldats que vos maîtres vous apprennent l'histoire de France. L'histoire de la France montre que, dans notre pays, les fils ont toujours vengé les désastres de leurs pères. Les Français du temps de Charles VII ont vengé leurs pères vaincus à Crécy, à Poitiers, à Azincourt... C'est à vous, enfants, élevés aujourd'hui dans nos écoles, qu'il appartient de venger vos pères vaincus à Sedan et à Metz. C'est votre devoir, le grand devoir de votre vie : vous devez y penser toujours... etc. »

En bas du paragraphe, on a placé une série de questions qui s'y rapportent:

« Qu'est-ce que la France a perdu avec une partie de son territoire ? Combien de Français sont devenus Allemands par l'annexion de ce territoire ? Ces Français aiment-ils les Allemands? Que devons-nous faire pour reprendre un jour ce qui nous a été enlevé par l'Allemagne ? » En outre, on trouve, dans les réflexions sur le livre VII, ceci : « Nos enfants doivent se souvenir de nos défaites de 1870, sentir ce souvenir peser sur leur cœur, mais ce souvenir ne doit pas les décourager : il doit, au contraire, exciter leur bravoure. »

Ainsi donc, si dans les discours officiels on parle de la paix avec insistance, on s'efforce, au contraire, de persuader sous main au peuple, à la jeune génération et, d'une façon générale, à tous les Russes et à tous les Français que la guerre est inévitable, qu'elle est légitime et, de plus, avantageuse.

— « Nous ne pensons pas à la guerre ; nous ne nous occupons que de la paix ! »

— On a envie de demander : « *Qui diable trompe-t-on ici ?* » Mais cette question n'est guère nécessaire, on voit trop clairement qui est ce malheureux que l'on trompe.

Ce malheureux que l'on trompe et que l'on trompe de toute éternité, c'est le peuple qui travaille, le peuple naïf, celui-là même qui, de ses mains calleuses, a construit ces vaisseaux, ces forteresses, ces arsenaux, ces casernes, ces canons, ces ports, ces jetées, ces palais, ces salles, ces estrades et ces arcs de triomphe ; celui-là même qui a composé et imprimé ces journaux et ces brochures ; celui-là même qui a pris ces faisans et ces ortolans, pêché ces huîtres, vendangé ce vin que consomment tous ces gens qu'il nourrit, qu'il instruit, qu'il entretient, et qui, en le trompant, lui préparent une effroyable misère ; c'est ce bon peuple naïf qui, montrant ses dents blanches et saines, regardait, joyeux comme le sont les enfants, tous ces amiraux parés, tous ces présidents, tous ces drapeaux qui ondulaient sur leurs têtes, tous ces feux d'artifice qui peuplaient l'air. Or, pour ceux qui n'ont rien pu voir au passage, il n'y aura plus, tout à l'heure, ni amiraux, ni présidents, ni drapeaux, ni feux d'arti-fice, mais seulement les champs humides et vides, le froid, la faim, le chagrin, devant soi, l'ennemi qui tue ; derrière soi, les chefs qui vous poussent sans relâche ; du sang, des blessures, des souffrances, des cadavres en pourriture, et la mort par milliers, la mort en vain.

Cependant, les gens comme ceux qui ont pris part aux fêtes de Toulon et de Paris, seront assis devant un bon dîner, avec leurs verres à demi-pleins, un cigare aux dents, dans une tente bien chaude ; avec des épingles, ils marqueront sur la carte les endroits où il faudra laisser sur le terrain telle quantité de chair à canon formée par ce peuple lui-même, — et tout cela, afin de prendre telle ou telle position et de gagner un bout de ruban.

VI

— Mais il ne s'agit nullement de cela,
nous dira-t-on. Il n'y a là aucune arrière-
pensée de guerre. Seulement, deux peuples
qui éprouvent l'un pour l'autre une mutuelle sympathie s'expriment leurs sentiments : voilà tout. Qu'y a-t-il de mal à ce
que les représentants d'une nation amie
aient été reçus avec une solennité particulière par les représentants de l'autre nation ? Qu'y a-t-il de mal au pis aller, à ce
que cette alliance puisse signifier qu'on

s'entr'aidera pour lutter contre un voisin qui menace la paix de l'Europe ? »

Le mal, le voici : tout cela n'est que mensonge ; c'est un mensonge éhonté que rien ne justifie, un mensonge mauvais. Un mensonge, c'est de feindre que les Russes ont tout à coup éprouvé une vive affection pour les Français et les Français pour les Russes. Un mensonge de notre part, c'est de déclarer qu'on éprouve de la haine pour les Allemands et de la défiance à leur égard. Un gros mensonge, encore, c'est de prétendre que le but de ces orgies malséantes et stupides est de faire respecter la paix de l'Europe.

Nous savons bien tous que nous n'éprouvons maintenant et que nous n'avons éprouvé jadis aucune affection particulière à l'égard des Français, de même qu'à présent, pas plus qu'autrefois, nous n'éprouvons de haine particulière à l'égard des Allemands.

On nous dit que l'Allemagne a de mauvaises intentions à l'égard de la Russie, que la Triple Alliance menace la paix de l'Europe et nous-mêmes, et qu'enfin notre union avec la France égalisera les forces et assurera la paix. Mais cette affirmation est si évidemment stupide, qu'on aurait conscience à la soutenir sérieusement. Car, enfin, pour que notre alliance assurât la paix, il faudrait que les forces en présence fussent mathématiquement égales. Si le plateau de la balance penche du côté franco-russe, c'est là qu'est le danger. En voici un autre très grave : s'il était dangereux, hier.

que Guillaume, à la tête de la Triple Alliance, vînt troubler la paix, il est bien plus dangereux encore aujourd'hui que la France assume ce rôle, elle, qui ne peut se consoler d'avoir perdu deux provinces. La Triple Alliance s'intitulait la Ligue de la Paix, tandis qu'elle était pour nous la Ligue de la Guerre. Tout de même, aujourd'hui, l'alliance franco-russe ne peut représenter autre chose que ce qu'elle est en réalité, à savoir, une ligue de la guerre.

Puis encore, s'il est vrai que la paix dépende de l'égalité des forces, comment déterminer les unités entre lesquelles se fera l'équilibre? L'Angleterre soutient que l'alliance franco-russe la menace, et qu'il lui faut, par suite, constituer une nouvelle ligue. En combien d'unités d'alliance divisera-t-on l'Europe pour rétablir l'équilibre ? S'il en était ainsi, un homme fort constituerait un danger dans la société qu'il fréquente, et les autres seraient obligés de s'unir contre lui pour lui résister.

— « Qu'y a-t-il de mal, dites-vous, à ce que la Russie et la France expriment leur mutuelle affection ? » Il y a ceci de mal : cette affection est mensonge ; or, un mensonge ne se dit jamais pour rien.

Le diable est le tueur des hommes et le père du mensonge. Le mensonge a toujours pour effet quelque mort d'homme. Dans le cas présent, cela est plus clair que jamais.

On vit, absolument comme aujourd'hui, l'amour des Russes pour je ne sais quels frères Slaves s'enflammer subitement à la veille de la guerre turco-russe. Ces frères

Slaves, on les avait ignorés durant des siècles; or, les Allemands, les Français, les Anglais ont toujours été et sont encore maintenant infiniment plus près de nous que ces Monténégrins, ces Serbes et ces Bulgares. Et alors, on se mit à célébrer des fêtes et à faire des réceptions que gonflèrent encore ces Aksakof et ces Katkof qu'on regarde justement à Paris comme des modèles du patriotisme.

Alors, comme à présent, il n'était question que du subit amour que les Russes venaient d'éprouver pour les Slaves du Balkan. D'abord, exactement comme on faisait hier à Paris, on se réunit à Moscou pour boire, manger, se débiter mutuellement des sottises, s'attendrir sur les grands sentiments qu'on éprouvait, pour parler d'unité et de paix, tout en taisant le principal : les projets relatifs à la Turquie. Les journaux grossirent l'enthousiasme ; peu à peu, le Gouvernement se mêla au jeu. La Serbie se souleva. Des notes diplomatiques, des articles semi-officiels furent rédigés. Les journaux s'enfoncèrent de plus en plus dans le mensonge, dans les inventions ; ils s'enflammèrent si bien qu'en fin de compte Alexandre II, qui réellement ne voulait pas la guerre, ne put s'empêcher d'y consentir. Alors il se passa ce que nous savons. Des centaines de mille innocents périrent, et des millions d'hommes furent réduits à la sauvagerie et privés de tous sentiments chrétiens. Or, ce qui s'est passé à Toulon et à Paris, et qui se passe encore sous nos yeux, conduit évidemment à un carnage plus horrible encore. Pour commencer, tout comme jadis, des généraux et des ministres boiront, aux sons de l'Hymne russe et de la Marseillaise, à la santé de la France et de la Russie; ils boiront aux divers régiments, à l'armée, à la flotte; les journaux imprimeront leurs articles menteurs; une foule de riches oisifs, ne sachant que faire de leur temps et de leurs forces, débiteront des discours patriotiques, grossiront les sentiments d'inimitié qu'ils éprouvent vis-à-vis de l'Allemagne; quelque soit l'amour de la paix qui anime Alexandre III, les circonstances seront telles qu'il ne pourra s'empêcher de consentir à une guerre que réclameront et son entourage, et les journaux, et (ainsi qu'on le croit toujours) l'opinion publique. En un tour de main, dans les colonnes des journaux paraîtront les ordinaires proclamations, si funestes et si stupides :

« Par la grâce de Dieu, Nous, autocrate de toute la Russie, tsar de Pologne, grand duc de Finlande, etc. etc., faisons savoir à tous Nos fidèles sujets que, pour le bien de ces chers sujets que Dieu Nous a confiés, Nous avons jugé qu'il était de Notre devoir devant Dieu de les envoyer tuer et mourir. Dieu est avec Nous... etc... »

On sonnera les cloches, et des hommes aux longs cheveux [1] se vêtiront de sacs brodés d'or et se mettront à prier pour le meurtre. Et alors recommencera la vieille histoire connue dès longtemps. Des gens

[1] Les popes.

exaltés travailleront, sous le couvert du patriotisme, à répandre dans les journaux la haine et le désir du meurtre, heureux de se faire ainsi payer double. On verra se remuer les propriétaires d'usines, les marchands, les fournisseurs de subsistances militaires, car tous ils attendront double bénéfice. On verra se remuer les fonctionnaires, car ils prévoieront la possibilité de voler encore plus d'argent qu'ils n'en volent d'ordinaire. On verra se remuer les chefs militaires, car ils recevront double paye et double ration, et espèreront recevoir, comme récompense des meurtres commis, divers hochets: des rubans, des croix, des galons, des étoiles. On verra se remuer des oisifs, messieurs et dames, qui se seront fait inscrire au comité de la *Croix Rouge* et se prépareront à bander les blessures des hommes que leurs maris et leurs frères auront frappés; et ces gens croiront faire ainsi une action chrétienne.

Et, étouffant dans leur cœur le désespoir par des chants, par des débauches et par de l'alcool, arrachés de leur travail pacifique, enlevés à leurs femmes, à leurs mères, à leurs enfants, on verra passer des hommes, des centaines de mille hommes simples et bons, armés d'instruments de carnage et conduits comme un troupeau. Ils iront: ils auront froid, ils auront faim; la maladie les saisira et les tuera ; les survivants arriveront enfin à un endroit où on les tuera par milliers, et où ils tueront aussi par milliers des hommes qu'ils n'ont jamais vus, et qui ne peuvent leur avoir fait aucun mal.

Et, lorsqu'il y aura tant de malades, de blessés et de morts, qu'on ne suffira plus à les ramasser, et lorsque l'air sera si corrompu par la pourriture de cette chair à canon, que les chefs eux-mêmes en seront incommodés, alors on s'arrêtera pour quelque temps ; on recueillera tant bien que mal, les blessés, on entassera les cadavres dans des fosses qu'on couvrira de chaux, et puis, on conduira encore les survivants, la foule des gens trompés, plus loin, toujours plus loin, jusqu'à ce que les moteurs du mouvement en soient lassés, ou que ceux qui avaient un désir en aient obtenu la satisfaction.

Et, de nouveau, les hommes s'endurciront, se mettront en fureur, deviendront semblables à des bêtes, et l'amour diminuera durant la paix, et la *christianisation* des peuples, qui déjà nous gagnait, sera, retardée de nouveau de plusieurs dizaines, de plusieurs centaines d'années. Et ceux qui y auront intérêt diront encore que la guerre est nécessaire, puisqu'elle a eu lieu, et ils y prépareront les jeunes générations en leur tournant la tête dès leurs premières années.

VII

Puisque des manifestations patriotiques comme celles de Toulon lient la volonté des hommes, longtemps à l'avance, il est vrai, mais non moins sûrement, et les conduisent fatalement aux crimes ordinaires qui découlent du patriotisme, aucun de ceux qui comprennent la signification de ces fêtes ne peut s'empêcher de protester contre tout ce qu'elles impliquent tacitement. Donc, lorsque Messieurs les journalistes impriment que tous les Russes approuvent ce qui s'est fait à Cronstadt, à Toulon et à Paris, et que cette alliance est fortifiée par la volonté de tout le peuple ; lorsque le ministre de l'instruction publique en Russie assure aux ministres français que tous ceux qui dépendent de lui, les enfants russes, les savants et les écrivains, partagent ses sentiments ; lorsque le chef de l'escadre russe assure aux Français que toute la Russie leur saura gré de leur accueil ; lorsque les *Protopresbyters* assurent, au nom de leurs paroissiens, que les prières des Français en faveur de la maison impériale ont rempli de joie le cœur de tout le peuple russe *qui aime le tsar* ; lorsque l'ambassadeur de Russie à Paris, se considérant comme le représentant du peuple russe, prend la parole après

un plat *d'ortolans à la Soubise et de lago-
pèdes glacés*, et dit, tenant à la main un
verre de champagne *Grand Moët*, que tous
les cœurs russes battent à l'unisson avec
le sien, rempli d'un amour subit et exclu-
sif pour *la belle France;* — alors, nous
qui voyons clair, nous considérons comme
un devoir sacré de protester énergiquement là contre, en notre nom et au nom de
dizaines de millions de Russes ; de déclarer que nos cœurs ne battent pas à l'unisson avec ceux de Messieurs les journalistes, les ministres de l'instruction
publique, les chefs d'escadre, les *Protopresbyters* et les ambassadeurs, et d'affir-
mer, tout au contraire, que nos cœurs se
remplissent d'indignation et de répulsion
devant le mensonge funeste et le mal

qu'ils répandent, consciemment ou non, par leurs actions et leurs discours. Qu'ils boivent du Moët autant qu'il leur plaira, qu'ils écrivent des articles et prononcent des discours, mais que ce soit en leur nom seulement ; pour nous, chrétiens, et qui nous avouons tels, nous ne saurions admettre que les paroles et les écrits de ces gens-là puissent nous lier. Nous ne saurions l'admettre, parce que, au fond de toutes ces ivresses triomphales, au fond de ces discours et de ces embrassements, il se cache une idée qui ne semble guère devoir affermir la paix, ainsi qu'on nous l'assure ; on dirait là, bien plutôt, de ces orgies auxquelles se livrent les méchants pour se préparer au crime.

VIII

Il y a quatre ans, la première hirondelle
du printemps de Toulon nous fit visite au
village ; c'était un agitateur français, bien
connu pour s'occuper de la guerre avec l'Allemagne, et il venait en Russie pour préparer l'alliance franco-russe. Lorsqu'il arriva,
nous étions aux champs, occupés aux
foins. Rentrés pour déjeuner, nous fîmes
connaissance avec notre hôte ; aussitôt, il
se mit à nous raconter ses campagnes, son
emprisonnement, son évasion ; il ajouta

qu'il avait fait vœu de ne jamais cesser d'agiter les esprits en faveur d'une guerre avec l'Allemagne, tant que la France n'aurait pas recouvré l'intégrité de son territoire ; et ce vœu le rendait fier.

Les convictions de notre hôte touchant la nécessité d'une alliance franco-russe qui eût pour effet de rendre à la France ses anciennes frontières, sa puissance et sa gloire passées, et de nous mettre à l'abri des mauvaises intentions de l'Allemagne, ces convictions, dis-je, n'eurent parmi nous aucun succès. La France, prétendait-il, ne pouvait se calmer tant qu'elle n'aurait pas recouvré les provinces perdues : nous lui répondîmes que la Prusse ne pouvait, elle non plus, se calmer, tant qu'elle n'eut pas vengé Iéna, et que, si la *revanche* réussissait cette fois à la France, les Allemands seraient forcés de se venger à leur tour : ce serait donc la guerre à l'infini.

La France, disait-il, doit sauver les frères qu'on lui a ravis ; mais, répondions-nous, la condition des classes ouvrières en Alsace-Lorraine, sous la domination de l'Allemagne, n'est en rien inférieure à ce qu'elle était sous la domination de la France ; ce n'est pas une raison, parce que un certain nombre d'Alsaciens aimeraient mieux se dire Français que d'être annexés à l'Allemagne, et parce que vous désirez, vous, personnellement, redonner à la France sa gloire militaire d'autrefois, — ce n'est pas une raison pour faire renaître toutes les affreuses misères que la guerre amène avec elle ; ce ne serait même pas une raison pour sacrifier ne fût-ce que la vie d'un seul homme. — Vous avez beau parler ainsi, reprenait-il, parce qu'on ne vous a rien pris ; mais, si l'on vous enlevait les provinces Baltiques et la Pologne, vous changeriez d'avis. Nous lui fîmes observer que, même au point de vue politique, la perte de ces provinces serait pour nous un bienfait, car elle diminuerait le nombre des troupes employées à les garder et, par suite, les dépenses du budget ; mais que, au point de vue chrétien, nous ne pouvions admettre la guerre, car la guerre réclame le meurtre ; or la doctrine du Christ, non seulement interdit le meurtre, mais encore ordonne de faire du bien à tous les hommes, car on les considère tous comme frères, sans distinction de nationalité. Pour être logique, un Gouvernement chrétien qui se met en guerre devrait, non seulement abattre les croix, désaffecter les églises, employer les prêtres à d'autres fonctions, et surtout interdire l'Évangile..., mais encore renoncer à toutes les exigences de la morale contenues dans la loi du Christ. C'est à prendre ou à laisser, dîmes-nous. Tant que le christianisme n'aura pas été anéanti, on ne pourra attirer les hommes à la guerre qu'à force de ruses et de tromperies, ainsi qu'on le fait aujourd'hui. Quant à nous, nous perçons cette ruse et cette tromperie : voilà pourquoi nous ne voulons pas y obéir.

Comme, en disant ces choses, nous n'avions ni musique, ni champagne, ni rien qui pût nous troubler l'intelligence, notre hôte se contenta de hausser les épaules, et, avec cette amabilité particulière aux Français, il ajouta qu'il nous remerciait beaucoup de notre cordial accueil, seulement qu'il regrettait de voir que ses idées n'eussent pas été aussi bien reçues que sa personne.

IX

Après cette conversation nous retour-
nâmes faner. Arrivés dans les champs,
mon hôte espéra que ses idées trouveraient
parmi le peuple plus d'écho que parmi
nous. Nous avions pour compagnon de
travail un moujik déjà vieux, affligé d'une
énorme hernie, et qui, malgré cela, tra-
vaillait : il s'appelait Prokofi. Mon hôte
me demanda de lui traduire son plan de
campagne contre l'Allemagne, lequel était
d'écraser de deux côtés ce pays. Le Fran-

çais faisait voir la chose à Prokofi en serrant des deux côtés, avec ses mains blanches, la chemise trempée de sueur du paysan. Je me rappelle l'étonnement bon enfant et ironique de Prokofi, lorsque je lui expliquai les paroles et le geste du Français. Prokofi, évidemment, prenait pour une plaisanterie cette image de l'Allemand serré des deux côtés, car il ne pouvait se figurer qu'un homme fait, instruit comme l'était celui-ci, pût, de sang-froid et sans être ivre, déclarer qu'il désirait la guerre. — « Voyons, dit-il, répondant par une plaisanterie à ce qu'il croyait une plaisanterie, si nous le serrons des deux côtés, il ne pourra ni avancer ni reculer : il faut lui faire un peu de place. »

Je traduisis la réponse à mon hôte.

— Dites-lui que nous aimons les Russes, dit alors celui-ci.

Ces paroles surprirent Prokofi plus encore que le geste de serrer les Allemands : il commença à soupçonner quelque chose.

— Qu'est-ce que c'est que cet homme-là ? me demanda-t-il, en désignant mon hôte d'un signe de tête.

Je lui répondis que c'était un Français, un homme riche.

— Pour quoi faire est-il ici ? — demanda Prokofi.

Lorsque je lui eus expliqué que son but était de provoquer une alliance des Russes avec les Français en cas de guerre avec l'Allemagne, le paysan évidemment ne fut pas satisfait de l'explication. Se tournant vers les femmes qui s'étaient assises près de la meule, d'un ton sévère qui, malgré lui, trahissait les sentiments éveillés en lui par notre conversation, il leur cria d'aller ramasser le reste du foin.

— Fainéantes corneilles! vous dormez, bien sûr! Vous n'êtes guère pressées d'aller presser l'Allemand. Elles n'ont pas encore seulement ramassé le foin coupé, bien de hasard qu'elles vont moissonner mercredi [1].

Mais, ensuite, craignant sans doute de blesser l'étranger par cette observation, il ajouta, découvrant dans un bon sourire ses dents à demi usées: « Viens plutôt travailler avec nous, et envoie-nous l'Alle-

[1] Il y a un jeu de mots intraduisible portant sur *jat* qui veut dire: moissonner et serrer.

mand. Quand nous aurons fini l'ouvrage,
nous irons nous promener, et nous emmè-
nerons l'Allemand. Voilà. »

En disant ces mots, il retira sa main aux
veines saillantes d'entre les dents de la
fourche sur laquelle il s'appuyait, mit la
fourche sur son épaule et s'en alla vers les
femmes.

— Oh! le brave homme! s'écria en
riant le Français poli. Et c'est à cela que
se borna alors sa mission diplomatique
auprès du peuple russe.

La vue de ces deux hommes si différents :
l'un, rayonnant de fraîcheur, d'ardeur et
d'élégance, bien nourri, enveloppé d'un
vêtement très long, à la dernière mode, et
coiffé d'un chapeau haut de forme, montrant, de ses mains blanches qui ignorent

le travail, la façon dont on s'y prendrait pour écraser les Allemands; l'autre, avec des brins de foin dans ses cheveux, desséché par le travail, brûlé par le soleil, lassé chaque jour, travaillant, malgré son énorme hernie, de ses mains aux doigts écrasés par le labeur, vêtu de pantalons tombants, chaussé de sandales d'écorce tout usées et marchant, avec un gros tas de foin au bout de sa fourche posée sur l'épaule, de ce pas non point paresseux, mais économe de mouvement, qui est celui des travailleurs ; — la vue de ces deux hommes si opposés me fit comprendre bien des choses alors. Et voici que le souvenir m'en revient très vif après les fêtes de Toulon et de Paris. L'un incarnait la catégorie de ceux qui, nourris et soutenus par le travail du peuple, se servent ensuite de ce peuple comme de chair à canon ; l'autre était lui-même de cette chair à canon, qui nourrit et soutient les gens qui disposent de son sort.

« Mais on a pris aux Français deux provinces: on a arraché des enfants à leur
mère... Mais la Russie ne peut supporter
que l'Allemagne lui fasse la loi et la prive
de son rôle historique en Orient; elle
ne peut admettre qu'on puisse lui ravir,
comme à la France, ses provinces de
la Baltique, de Pologne, du Caucase...
Mais l'Allemagne ne peut admettre qu'il
lui soit possible de perdre les avantages
qu'elle a obtenus au prix de tant de sacri-

fices... Mais l'Angleterre ne peut céder à personne l'empire des mers... » Lorsqu'on a dit cela, on admet d'ordinaire que la France, la Russie, l'Allemagne et l'Angleterre sont prêtes à tous les sacrifices, l'une pour reprendre ses provinces perdues, l'autre pour assurer son influence en Orient, l'autre pour affermir son unité, la dernière, pour dominer les mers.

On suppose que le sentiment patriotique est, en premier lieu, un sentiment inné à tous les hommes, et, en second lieu, un sentiment d'une si haute valeur morale que, au cas où il viendrait à manquer à quelqu'un, il faudrait le lui inspirer artificiellement.

Or, ces deux suppositions sont fausses. J'ai vécu un demi-siècle au milieu du peuple russe, et, dans la grande masse de la classe laborieuse, je n'ai jamais vu, dans tout ce laps de temps, rien qui fût l'expression d'un tel sentiment patriotique, si l'on excepte, bien entendu, ces phrases patriotiques apprises dans les livres ou à la·caserne, et que répètent les hommes les plus légers et les plus corrompus parmi le peuple. Je n'ai jamais entendu le peuple exprimer l'idée de patriotisme; au contraire, j'ai toujours vu les hommes du peuple les plus sérieux et les plus respectables, témoigner une indifférence complète, et même du mépris pour les manifestations patriotiques quelles qu'elles fussent. J'ai observé la même chose parmi la classe laborieuse chez d'autres peuples, et mon observation m'a souvent été confirmée par des Français, des Allemands, des Anglais cultivés, parlant de leurs propres concitoyens.

La population laborieuse est trop occupée par le soin d'assurer son existence, soin qui absorbe toute son attention, pour s'intéresser aux questions politiques qui sont au fond du patriotisme: les questions de l'influence russe en Orient, de l'unité allemande, du retour fait à la France des provinces qu'on lui a enlevées, etc.. ces questions n'intéressent pas le peuple, non seulement parce qu'il ne sait presque jamais les conditions qui les font naître, mais aussi parce que les intérêts de sa vie sont tout à fait indépendants des intérêts politiques. Un homme du peuple ne se souciera jamais de savoir où passera telle frontière, à qui appartiendra Constantinople, etc., et, même, il lui est indifférent de payer ses redevances ou de donner ses fils à l'armée, au profit de tel ou tel Gouvernement. Au contraire, il lui importe toujours vivement de savoir combien il aura de redevances à payer, quelle sera la durée du service militaire, quel sera le prix de la terre et celui du travail, toutes questions absolument indépendantes des intérêts politiques. D'où il suit que, en dépit des efforts que font les Gouvernements pour inoculer aux peuples ces idées du patriotisme qui leur sont étrangères, et pour exterminer les idées sociales qui se développent au milieu d'eux, le socialisme, malgré tout, pénètre dans les masses populaires, tandis que le patriotisme, inspiré à grand'peine, tend de plus en plus à disparaître chez le peuple, pour ne plus se montrer qu'au milieu des classes élevées, auxquelles il est avantageux. S'il arrive, çà et là, que le patriotisme s'empare d'une foule populaire, comme ce fut le cas à Toulon et à Paris, ce fait ne se produit que quand la foule en question est livrée à la réaction hypnotisante des Gouvernements et des classes dirigeantes ; et le patriotisme ne subsiste dans le peuple que tant que dure cette réaction.

Ainsi, par exemple, en Russie, le patriotisme, sous la forme de dévouement et d'amour pour la foi, le tsar et la patrie, est inoculé au peuple avec une intensité singulière par tous les moyens dont dispose

le Gouvernement : églises, écoles, imprimeries, etc. ; or, la classe laborieuse en Russie, soit environ cent millions d'hommes,
en dépit de notre réputation imméritée
de peuple particulièrement dévoué à sa
foi, à son tsar et à sa patrie, est aussi dé-
gagée que possible des préjugés du patriotisme et des idées de dévouement à sa
foi, à son tsar et à sa patrie. Sa foi, cette
religion orthodoxe qu'enseigne le Gouvernement, et à laquelle on le dit si dévoué,
elle ne la connaît même pas ; et, quand
d'aventure elle l'étudie, elle s'empresse de
la rejeter pour devenir rationaliste, c'est-
à-dire pour adopter une croyance qu'on
ne saurait ni attaquer, ni défendre. Envers le tsar, malgré les efforts qu'on fait
pour l'influencer en ce sens, l'attitude du

peuple est la même qu'envers toutes les puissances ; s'il ne porte pas de jugement, il se montre profondément indifférent. Quant à sa patrie, si l'on désigne par là autre chose que son village ou son canton, ou bien il l'ignore, ou bien il ne fait entre elle et les autres États aucune espèce de différence. De même que jadis les émigrants russes allaient s'établir en Autriche ou en Turquie, de même à présent, ils prennent pied indifféremment en Russie, ou en dehors de ce pays, en Turquie ou en Chine.

XI

Mon vieil ami D... passait l'hiver à la campagne ; sa femme, pendant ce temps, vivait à Paris où il allait, de temps à autre, lui faire visite. Durant les longs soirs d'automne, il lui arrivait fréquemment de causer avec un moujik illettré, mais très intelligent qui était staroste du village et qui venait lui rendre des comptes. Mon ami lui parlait, entre autres choses, des avantages que présentait sur le nôtre le régime en vigueur en France. C'était à la veille du dernier soulèvement de la Pologne et de l'ingérence du Gouvernement Français dans nos affaires. Les journaux patriotiques russes prirent feu et flammes; les classes dirigeantes excitèrent si bien cette indignation que la situation devint très tendue et qu'on ne parla de rien moins que de déclarer la guerre à la France.

Tout plein de la lecture des journaux, mon ami parla un jour au staroste de la situation respective de la Russie et de la France. Il déclara même que, si la guerre éclatait (il était ancien officier), il prendrait du service et se battrait contre les Français. A cette époque, les patriotes russes croyaient avoir à prendre une *revanche* de Sébastopol.

— Pourquoi donc leur ferions-nous la guerre? demanda le staroste.

— Voyons, comment pourrions-nous permettre aux Français de régler nos affaires?

— Mais vous m'avez dit vous-même que c'est mieux organisé chez eux que chez nous, dit le staroste avec le plus grand sérieux.

— Alors, laissons-les donc arranger aussi nos affaires.

Mon ami me raconta que cette réflexion le frappa si vivement qu'il ne sut rien répondre. Il ne put que se mettre à rire, comme rient les gens qui s'éveillent d'un songe.

On peut entendre des réflexions de ce genre dans la bouche de tous les Russes de la classe laborieuse, si toutefois ils n'ont pas bu ou ne se trouvent pas sous l'influence

hypnotisante du Gouvernement. On parle
de l'amour qu'a le peuple russe pour sa foi,
pour son tsar, pour sa patrie; pourtant,
il n'est pas une société de paysans qui ba-
lançât un seul instant, si elle avait à faire
choix entre les deux propositions que voici :
ou bien rester en Russie, sous leur tsar-
petit père, comme on écrit dans les livres,
avec leur sainte foi orthodoxe, dans leur
patrie adorée, mais avec des champs moins
étendus et moins fertiles ; ou bien, quittant
leur petit père, le tsar blanc, et leur foi
orthodoxe, aller s'établir quelque part, hors
de Russie, en Prusse, en Chine, en Turquie, en Autriche, mais sur un emplace-
ment un peu plus étendu et un peu plus
fertile : c'est un fait que nous avons observé
et que nous observons encore aujourd'hui.

Pour un paysan russe, la question de savoir sous quel Gouvernement il vivra est infiniment moins importante (car il sait que tous les Gouvernements le pilleront également) que la question de savoir si l'eau est bonne, si la glaise est molle et si le chou vient bien en tel endroit.

Mais on pourrait croire que l'indifférence des Russes vient de ce que n'importe quel régime serait préférable à celui sous lequel ils vivent, car il n'y en a pas de pire en Europe. Il n'en est rien. Autant que je sache, le même phénomène s'observe chez les émigrants anglais, hollandais, allemands, en Amérique, ou chez les populations qui viennent s'établir en Russie.

Le passage des nations de l'Europe d'un régime à un autre, de la domination turque

à la domination autrichienne, de la domination française à la domination allemande,
change si peu la condition de la véritable
classe laborieuse, que celle-ci y resterait absolument indifférente, si le Gouvernement
et les classes dirigeantes ne venaient exciter
artificiellement sa résistance.

XII

On cite d'ordinaire, comme exemple des sentiments patriotiques témoignés par le peuple, des manifestations comme celles qui ont eu lieu en Russie pour le couronnement du tsar ou après le déraillement du 17 octobre, en France au moment de la déclaration de guerre à la Prusse, ou en Allemagne après la victoire et durant les fêtes franco-russes.

Mais il faut savoir comment se préparent ces manifestations. Par exemple, en Russie, chaque fois que l'empereur passe dans une ville, on habille des paysans et des ouvriers de fabrique pour aller à sa rencontre : c'est partout ainsi, bien que d'une façon moins grossière, qu'on prépare les manifestations patriotiques. Ainsi, les réjouissances franco-russes, qui nous paraissent l'expression des sentiments du peuple même, ont été préparées de longue main, avec beaucoup d'art et excitées par le Gouvernement français.

Dès qu'on sut que la flotte russe viendrait — je cite encore ici le *Siélski Viéstnik*, organe gouvernemental composé d'extraits d'autres journaux, « non seulement toutes les villes et tous les bourgs situés sur la ligne de Paris à Toulon, mais encore un grand nombre de localités situées fort loin de la ligne, constituèrent des comités pour organiser les fêtes. De toutes parts on fit des collectes. Nombre de villes envoyèrent des députations à Paris, pour demander à l'ambassadeur de Russie de faire venir, ne fût-ce qu'une heure, les marins russes dans leurs murs. Les conseils municipaux des localités que devaient visiter nos marins votèrent des sommes supérieures à 300,000 francs, et se déclarèrent prêts à de plus grands sacrifices pour assurer l'éclat des fêtes. Paris à lui tout seul vota une somme au moins égale. Il n'est pas jusqu'à des villes dans lesquelles nos marins ne devaient pas paraître, qui n'aient organisé au 1er octobre des fêtes en l'honneur de la Russie. D'autres envoyèrent des députations à Paris et à Toulon pour porter des compliments, des adresses et des cadeaux aux hôtes de la France. Le 1ᵉʳ octobre fut considéré comme jour de fête : les écoles eurent congé ce jour-là, et les simples soldats virent leurs punitions levées; on voulait qu'ils pussent se souvenir de ce 1ᵉʳ octobre comme d'un jour de joie pour la France, etc. etc. »

Pour faciliter les excursions à Toulon, les compagnies de chemins de fer délivrèrent des billets à prix réduits et organisèrent des trains supplémentaires.

Eh bien! lorsque, par une série de mesures de ce genre prises par le Gouvernement, grâce aux moyens dont il dispose, la lie du peuple, c'est-à-dire la foule urbaine, est mise dans un état particulier d'excitation, on s'écrie : voyez, c'est l'expression spontanée des sentiments du peuple! Des manifestations comme celles de Toulon et de Paris, comme celles qui se sont produites en Allemagne en l'honneur de Bismark ou de l'empereur, en Lorraine, dernièrement, et enfin, comme celles qui se produisent en Russie, à chaque occasion solennelle, prouvent seulement ceci, à savoir que les moyens nécessaires pour provoquer une excitation populaire, moyens qui sont actuellement aux mains des Gouvernements et des classes dirigeantes, sont tellement puissants qu'on s'en peut servir à volonté dès qu'on désire provoquer ce qu'on appellera une manifestation des sentiments patriotiques du peuple. Rien, au contraire, ne prouve mieux l'indifférence patriotique du peuple que la peine infinie qu'on se donne pour provoquer artificiellement chez lui une excitation et, aussi, que les maigres résultats obtenus en ce sens par les Gouvernements et les classes dirigeantes, en dépit de tous leurs efforts.

Si les sentiments patriotiques étaient si profondément enracinés au cœur des différents peuples, on les laisserait s'exprimer librement, sans chercher à en provoquer l'explosion par des moyens artificiels. Que n'essaye-t-on, en Russie, de *cesser* quelque temps, ne fût-ce qu'une année, de faire prêter serment au peuple chaque fois qu'un empereur monte sur le trône, de prononcer ces prières pour le tsar qu'on a coutume de faire solennellement à la fin du service divin, de célébrer le jour de la naissance du souverain et le jour de sa fête, en sonnant les cloches, en illuminant et en interdisant tout travail, de suspendre et d'exposer partout son image, d'imprimer son nom en lettres énormes dans les livres de prière, dans les calendriers et dans les manuels à l'usage des classes, de mettre des majuscules aux pronoms qui se rapportent à lui, ainsi qu'on fait dans les livres et les journaux destinés à le célébrer, de juger enfin et d'emprisonner les gens pour la moindre parole irrespectueuse prononcée à propos du tsar; — que n'essaye-t-on de suspendre, ne fût-ce que pour un temps, toutes ces coutumes? On verrait alors jusqu'à quel point le peuple des travailleurs, les Prokofi, les Ivan le staroste, tout le peuple russe enfin, est disposé, ainsi qu'on l'en assure, et que le croient les étrangers, à idolâtrer ce tsar qui le livre aux mains des grands propriétaires terriens et de tous les riches. Voilà pour la Russie. Mais, qu'en Allemagne, en France, en Italie, en Angleterre, en Amérique, les classes dirigeantes cessent de faire ce qu'elles font avec tant d'ardeur, pour provoquer l'excitation patriotique et le respect du Gouvernement, et nous verrons jusqu'à quel point ce prétendu patriotisme existe à l'heure qu'il est dans le cœur du peuple.

Mais, non ! depuis l'enfance, par tous les moyens imaginables, par les livres d'école, par les services religieux, par la prédication, les discours. les livres, les journaux, les chants, les vers, les monuments, on se propose partout et toujours le même but :

abêtir le peuple. Ensuite, on rassemble, par
force ou en les corrompant, quelques milliers de personnes, et, lorsque cette foule,
à laquelle se mêlent encore les badauds
toujours prêts à regarder un spectacle,
lorsque cette foule, au bruit des salves
d'artillerie, au son de la musique, à la
vue des magnificences étalées et des illuminations, répète les cris qu'on lui souffle,
on nous dit que c'est là l'expression des sentiments de tout un peuple. Mais, d'abord,
ces quelques milliers de personnes qui
poussent des vivats à chaque réjouissance
publique, ne forment qu'une infime partie
des millions d'hommes qui constituent le
peuple; en second lieu, parmi ces dix mille
personnes qui crient en agitant leurs chapeaux, la moitié au moins ont été, sinon

rassemblées par force, comme cela se passe chez nous en Russie, du moins, attirées artificiellement par quelque appât; en troisième lieu, parmi tous ces gens, quelques dizaines à peine savent de quoi il s'agit, tandis que les autres se livreraient aux mêmes démonstrations s'il s'agissait d'une manifestation contraire à la présente; en quatrième lieu, la police est là pour arrêter les gens qui seraient tentés de crier autre chose que ce que désire le Gouvernement : on l'a bien vu lors des fêtes franco-russes.

En France, on a accueilli avec un égal enthousiasme la campagne de la Russie sous Napoléon Ier, puis Alexandre Ier qu'on venait juste de combattre, puis encore Napoléon, puis derechef les Alliés, puis les Bourbons, les d'Orléans, la République,

Napoléon III et Boulanger. En Russie, on accueille exactement de la même façon aujourd'hui Pierre, demain Catherine, puis Paul, Alexandre, Constantin, Nicolas, le duc de Leuchtenberg, nos frères les Slaves du Balkan, le roi de Prusse, les marins français et tous ceux à qui les autorités désirent ménager une brillante réception. Il en est de même en Angleterre, en Amérique, en Allemagne et en Italie.

Ce que de nos jours on nomme patriotisme, c'est uniquement, d'une part, une disposition d'esprit entretenue sans cesse parmi les peuples par l'école, la religion, la presse vénale qui travaille pour le Gouvernement; d'autre part, c'est une exaltation temporaire que les classes dirigeantes excitent par des moyens exceptionnels parmi la classe du peuple dont le niveau moral et intellectuel est le moins élevé, et qu'elles font passer pour l'expression même de la volonté de tout le peuple.

Le patriotisme des peuples qui vivent sous un régime de servitude ne fait pas exception à cette règle. Il est également inconnu aux classes laborieuses, et ne leur est inoculé que d'une manière artificielle par les classes supérieures.

XIII

« Mais, si les gens du peuple ne connaissent pas le patriotisme, c'est qu'ils ne se sont pas élevés encore au niveau de ce sentiment sublime, qui est propre à tout homme instruit. S'ils n'éprouvent pas ce sentiment, il faut les y habituer par l'éducation. C'est justement ce que fait le Gouvernement. »

C'est ainsi que parlent, d'ordinaire, ceux qui font partie des classes dirigeantes ; et ils sont si naïvement convaincus de la sublimité du sentiment patriotique, que les gens du peuple, lorsqu'ils n'éprouvent pas ce sentiment, se croient coupables et s'efforcent de s'y accoutumer, quelque antipathique qu'il leur soit.

Mais qu'est-ce donc que ce prétendu sentiment sublime qu'il faut enseigner aux gens du peuple?

Ce sentiment n'est autre chose que la préférence accordée par chacun à son propre pays comparé à tous les autres, et il s'exprime parfaitement dans cette chanson allemande: *Deutschland, Deutschland über Alles* (L'Allemagne, l'Allemagne par-dessus tout au monde) ; remplacez seulement Allemagne par le nom d'un État quelconque, et vous aurez la formule complète du patriotisme. Il est possible qu'un pareil sentiment soit très désirable et très utile aux Gouvernements, ainsi qu'à l'intégrité des États; seulement, il est bien clair que ce sentiment n'est pas sublime, mais au contraire stupide et immoral. Il est stupide parce que, si chaque État se considère comme supérieur aux États voisins, aucun d'eux ne se conformera à la vérité; — il est immoral parce qu'il pousse inévitablement chacun de ceux qui l'éprouvent à tâcher d'acquérir pour son Gouvernement et ses concitoyens toutes sortes d'avantages au détriment des États voisins; or, cette tendance est directement contraire à la loi morale qui dit: ne fais pas à autrui ce que tu ne voudrais pas qu'on te fît.

Le patriotisme a pu être une vertu dans le monde ancien, où il exigeait de l'homme un dévouement à l'idéal le plus élevé qui lui fût alors accessible, celui de la patrie. Mais comment le patriotisme pourrait-il être une vertu pour notre époque, alors qu'il réclame précisément le contraire de ce que notre religion et notre morale nous commandent, alors qu'au lieu de nous faire regarder les hommes comme tous esclaves et tous frères, il nous fait considérer un État et une nation comme supérieurs à tous les autres ? C'est peu de dire que ce sentiment n'est plus de nos jours une vertu, mais un vice : à proprement parler, le vrai patriotisme n'est même plus possible de nos jours, parce qu'il n'a ni fondements matériels, ni fondements moraux.

Le patriotisme pouvait avoir un sens dans le monde ancien où chaque peuple, plus ou moins homogène, professait la même religion d'État, se soumettait à la puissance illimitée d'un chef divinisé et se considérait comme une île au milieu de l'Océan des barbares qui tentait de la submerger.

Sans doute, dans de pareilles conditions, le patriotisme, c'est-à-dire le désir de résister aux attaques des barbares qui non seulement menaçaient de troubler l'ordre public, mais encore étaient prêts à piller, à massacrer, à réduire en esclavage les hommes et à violer les femmes, ce désir était naturel; on comprend que, pour épargner à soi-même et à ses concitoyens de pareilles misères, l'homme pût préférer sa nation aux nations voisines, et éprouver pour les barbares un sentiment de haine qui l'amenait à les tuer pour défendre son pays.

Mais quelle peut être la signification de ce sentiment à notre époque chrétienne? Pourquoi un homme ira-t-il, de nos jours, s'il est Russe, tuer des Français ou des Allemands? s'il est Français, tuer des Allemands, quand il sait fort bien, si peu instruit soit-il, que ces peuples contre lesquels bouillonne sa haine patriotique ne sont pas des barbares, mais des chrétiens, comme lui, qui souvent même professent la même communion, qui, comme lui, ne désirent que la paix, l'échange pacifique du travail, et qui souvent sont liés à lui par des intérêts de travail commun et par des intérêts commerciaux ou intellectuels? Il arrive même qu'un homme trouve chez un peuple voisin plus d'éléments utiles et plus de traits de ressemblance que chez ses propres concitoyens ; c'est le cas, par exemple, pour les ouvriers qui dépendent des étrangers qui leur fournissent du travail, pour les commerçants, et surtout pour les savants et les artistes.

En outre, les conditions mêmes de la vie se sont si profondément modifiées que la chose que nous nommons patrie et que nous devons, dit-on, distinguer de tout le reste, a cessé d'être un tout bien déterminé comme c'était le cas chez les Anciens, chez qui les citoyens d'une même patrie appartenaient à une même race, avaient le même Gouvernement et la même croyance. On comprend le patriotisme des Égyptiens, des Juifs, des Grecs, car, en défendant leur patrie, ils défendaient aussi leur foi, leur race, leur foyer et leur Gouvernement.

Mais qu'est-ce que le patriotisme d'un Irlandais établi aux États-Unis? Sa religion le rattache à Rome, son origine à l'Irlande, son Gouvernement aux États-Unis. De même les Tchèques en Autriche, les Polonais en Russie, en Prusse et en Autriche, les Indiens en Angleterre, les Tatars et les Arméniens en Russie et en Turquie. Sans parler même de peuples conquis, je soutiens que les peuples homogènes, comme les Russes, les Français, les Prussiens, ne peuvent éprouver ce sentiment patriotique qui était propre aux Anciens, car, très souvent, un citoyen de ces pays voit les principaux intérêts de son existence : ses intérêts de famille, s'il est marié à une étrangère, ses intérêts économiques, s'il a des capitaux à l'étranger, ses intérêts scientifiques ou artistiques, tous placés hors de sa patrie et dans ce pays même contre lequel on excite sa haine patriotique.

Avant tout, le patriotisme est impossible de nos jours, parce que, en dépit des efforts qu'on a faits depuis 1800 ans pour dissimuler le christianisme, il a cependant pénétré notre vie et la dirige si bien que même les gens les plus grossiers et les plus bornés ne peuvent s'empêcher de reconnaître que le patriotisme est absolument incompatible avec les règles morales auxquelles leur vie est soumise.

XIV

Le patriotisme a été nécessaire pour former des États puissants composés de diverses nations et défendus contre les Barbares. Mais, lorsque le christianisme se mit à façonner intérieurement sur le même moule tous ces différents États, en leur donnant une base commune, non seulement le patriotisme devint superflu, mais il finit même par constituer le seul obstacle à cette union des peuples qu'avait préparée le christianisme.

De nos jours, le patriotisme est un cruel vestige d'un temps que nous avons achevé de vivre; s'il se conserve, c'est par la force d'inertie; c'est aussi parce que les Gouvernements et les classes dirigeantes, sentant que leur force et même leur existence y sont liées, s'efforcent de l'entretenir par ruse et par force dans l'esprit du peuple. Le patriotisme contemporain ressemble aux charpentes qui ont servi à construire un édifice; maintenant, elles gênent pour y pénétrer; mais on ne les enlève point, parce qu'elles sont utiles à quelques personnes.

Entre les peuples chrétiens, il y a longtemps qu'il n'y a plus et qu'il ne peut plus y avoir de motifs de discorde. On ne peut même se représenter comment et pourquoi les ouvriers allemands et russes travaillant paisiblement côte à côte sur les frontières et dans les grandes villes, commenceront à se quereller. Encore moins peut-on se représenter la haine qui pourrait naître entre les paysans de Kazan, qui fournissent du blé aux Allemands, et ces mêmes Allemands, qui leur fournissent des faux et des machines agricoles ; de même encore pour les ouvriers français, allemands et italiens. Quant aux savants, aux artistes, aux écrivains de nations différentes qui vivent d'intérêts communs, indépendants de la question de nationalité et de Gouvernement, il serait ridicule de dire qu'ils pussent avoir une cause de discorde.

Mais les Gouvernements ne peuvent laisser les peuples en paix entre eux, car la seule raison d'être de ces Gouvernements est de faire la paix entre les peuples et de calmer leur mutuelle inimitié. Or, ce sont eux, précisément, qui font naître cette inimitié qu'ils colorent du nom de patriotisme pour faire ensuite semblant de réconcilier les peuples. Ainsi font les Tziganes : à l'écurie, ils mettent du poivre sous la queue de leur cheval et le rouent de coups ; puis, une fois sortis, ils se pendent à la bride, comme s'ils avaient peine à contenir une bête pleine de feu.

On nous assure que les Gouvernements s'occuperont de faire respecter la paix ; comment s'y prennent-ils donc ? — Des hommes vivaient en paix sur les bords du Rhin ; tout d'un coup, à la suite d'intrigues

de rois et d'empereurs, la guerre éclate et
le Gouvernement de la France trouve bon
de transformer en Français un certain
nombre de ces habitants. Des siècles passent : ces hommes s'accoutument à leur
nouvelle condition. Puis, de nouveau, les
Gouvernements des deux grands pays se
querellent, et la guerre éclate sous un prétexte futile ; alors les Allemands jugent
bon de s'incorporer de nouveau ces populations ravies jadis. — Voilà entre tous les
Français et tous les Allemands la haine
allumée. — Voici encore : les Allemands
et les Russes vivaient en paix sur leur
frontière ; ils échangeaient en paix leur
travail et le fruit de leurs peines ; tout à
coup, ces autorités mêmes qui sont insti-
tuées pour pacifier les peuples, viennent

à se quereller ; elles font sottise sur sottise, et n'imaginent rien de mieux qu'une gaminerie, désireuses qu'elles sont de ne rien céder et de jouer un tour à leur adversaire : telle est l'origine de la guerre des tarifs qui a éclaté récemment entre la Russie et l'Allemagne. Aussi, les journaux aidant, des sentiments d'inimitié se sont-ils élevés entre les deux pays : les fêtes franco-russes ont encore gâté les choses : un pas de plus, et cela peut nous conduire à une guerre sanglante.

Ces deux derniers exemples de pression exercée par les Gouvernements sur les peuples pour faire naître entre eux des sentiments de haine, je les ai choisis parce qu'ils sont contemporains. Toutefois, il n'est pas dans l'histoire une seule guerre qui n'ait été provoquée par les Gouvernements seuls, tout à fait en dehors des intérêts du peuple à qui la guerre, même en cas de succès, porte grand préjudice.

Les Gouvernements assurent les peuples qu'ils sont menacés par leurs voisins et leurs ennemis intérieurs, et que le seul moyen de salut est l'obéissance servile. On le voit bien en temps de révolution et de dictature ; il en est de même partout et toujours. Tout Gouvernement explique son existence et justifie ses coups de force en disant que, sans lui, tout irait plus mal. En faisant croire aux peuples qu'ils courent des dangers, il les soumettent ; alors, ils les lancent sur les peuples voisins, et c'est ainsi qu'ils confirment ce qu'ils ont dit des attaques dont on était menacé sur les frontières.

Divide et impera.

Le patriotisme, sous sa forme la plus simple et la plus claire, n'est pas autre chose pour les gouvernants qu'une arme qui leur permet d'atteindre leurs buts ambitieux et égoïstes; pour les gouvernés, au contraire, c'est la perte de toute dignité humaine, de toute raison, de toute conscience, et la servile soumission aux puissants. Voilà le patriotisme partout où on le prêche.

Le patriotisme, c'est l'esclavage.

Ceux qui prêchent la paix par arbitrage raisonnent ainsi : deux animaux ne peuvent partager une proie autrement qu'en se battant; ainsi font les enfants, les barbares, les peuplades sauvages. Mais les gens réfléchis tranchent leurs différends par la discussion et la persuasion; ils mettent la décision entre les mains de personnes sages et désintéressées. C'est ainsi que devraient agir les peuples à notre époque. Ils sont arrivés à la période de réflexion; ils ne se haïssent pas les uns les autres et pourraient terminer leurs différends d'une façon pacifique. Seulement ce raisonnement ne porte que s'il s'applique aux peuples tout seuls, aux peuples qui seraient soustraits à la domination des Gouvernements. Car les peuples qui obéissent aux Gouvernements ne peuvent être des peuples sages, puisque leur obéissance même est un signe irrécusable de folie.

Comment peut-on parler de la sagesse de gens qui se sont engagés d'avance à accomplir toutes les actions (y compris le meurtre), que leur prescrira le Gouvernement, c'est-à-dire certaines personnes que le hasard a placées dans cette situation. Des gens qui peuvent s'engager ainsi à obéir sans murmurer aux ordres qui leur viendront d'hommes qu'ils ne connaissent pas et qui vivent à Pétersbourg, à Vienne, à Berlin, à Paris, de telles gens ne peuvent être de sens rassis ; et les Gouvernements, c'est-à-dire des hommes qui disposent d'une telle puissance, peuvent encore moins être de sens rassis ; il leur est impossible de ne pas abuser de ce pouvoir follement énorme, qui doit nécessairement leur tourner la tête. Par conséquent, la paix universelle ne saurait être amenée par des moyens sages, par des conventions et des

arbitrages, tant que les peuples obéiront
encore aux Gouvernements, car cette sottise les perdra toujours.

Or, on ne cessera d'obéir aux Gouvernements tant qu'existera le patriotisme,
parce que le pouvoir est fondé sur ce patriotisme même ou, en d'autres termes, sur
ce fait que les hommes sont prêts à obéir
aux Gouvernements pour défendre leur
pays, c'est-à-dire leur Gouvernement,
contre les dangers que lui font courir des
ennemis imaginaires.

C'est un patriotisme de ce genre qui a
servi de base au pouvoir que les rois de
France ont exercé sur leur peuple jusqu'à
la Révolution ; c'est un patriotisme de ce
genre qui a servi de base au pouvoir
exercé par le Comité de Salut public après

la Révolution ; puis, au pouvoir de Napoléon consul et empereur, au pouvoir des Bourbons, de la République et de Louis-Philippe, puis encore de la République ; et, enfin, c'est tout juste si ce même patriotisme n'a pas fondé le pouvoir du général Boulanger.

En vérité, cette constatation est terrible ; mais il n'y a pas et il n'y a jamais eu de violence exercée en commun par un groupe de personnes sur un autre, qui ne se soit exercée au nom du patriotisme. C'est au nom du patriotisme que les Russes et les Français se sont battus entre eux, et qu'ils s'apprêtent maintenant à se battre contre les Allemands ; et c'est également au nom du patriotisme que ce dernier peuple s'apprête à lutter sur deux fronts. D'ailleurs, ce sentiment ne provoque pas seulement la guerre : c'est en son nom que les Russes étouffent les Polonais et que les Allemands étouffent les Slaves ; c'est en son nom que les communards ont égorgé les Versaillais, et ceux-ci, les communards.

XV

Il semblerait que les progrès de l'instruction, la facilité des moyens de communication, la fréquence des rapports de
peuple à peuple, la diffusion des livres et
des journaux, et surtout l'état de sécurité
absolue dans lequel se trouvent les peuples
vis-à-vis les uns des autres, dussent rendre
de plus en plus difficile la duperie du patriotisme, et même la rendre impossible à
la fin.

Malheureusement, voici ce qui se passe:

ces progrès de l'instruction, cette facilité des moyens de communication et surtout cette diffusion de l'imprimerie sont précisément utilisés par les Gouvernements, et leur ont si bien permis de susciter chez les peuples des sentiments hostiles à l'égard des autres peuples, que, tandis qu'il devenait de plus en plus évident que le patriotisme est inutile et funeste, l'influence exercée par les Gouvernements et les classes dirigeantes sur le peuple, pour les gagner au patriotisme, croissait dans la même proportion.

Entre le passé et le présent, la seule différence, la voici : comme le nombre de ceux qui profitent des avantages que le patriotisme procure aux classes élevées est infiniment plus considérable qu'autrefois, il y a aussi un bien plus grand nombre d'hommes occupés à répandre et à fortifier cette étonnante superstition.

Plus le Gouvernement a de peine à maintenir sa puissance, plus il tend à la répartir entre un grand nombre de personnes.

Jadis, la puissance était aux mains d'une poignée de gouvernants : empereurs, rois, ducs, avec leurs fonctionnaires et leurs guerriers ; aujourd'hui, ceux qui ont part à cette puissance et profitent de ses avantages, ce ne sont pas seulement les fonctionnaires et le clergé, mais aussi les capitalistes, grands et petits, les propriétaires, les banquiers, les corps élus, les professeurs, les administrateurs des campagnes, les savants, les artistes même, et tout particulièrement les journalistes. Et tous, consciemment ou non, répandent la duperie du patriotisme, lequel leur est nécessaire pour assurer leur avantageuse situation. Et, comme les moyens de duperie sont plus forts et les dupeurs plus nombreux, la duperie réussit encore en dépit des difficultés qu'elle rencontre, et se maintient toujours la même.

Il y a cent ans, le peuple illettré, qui n'avait aucune idée sur la nature du Gouvernement, ni sur les peuples voisins, obéissait aveuglément aux nobles et aux fonctionnaires de sa province dont il était le serf; il suffisait, par suite, au Gouvernement, d'acheter par des pots-de-vin et des honneurs ces nobles et ces fonctionnaires, pour forcer le peuple à faire ce qu'il exigeait de lui. Maintenant que le peuple sait généralement lire, et sait plus ou moins quel est son Gouvernement et quels sont les peuples qui l'avoisinent ; maintenant que les gens du peuple vont fréquemment et sans difficulté d'un pays à l'autre, apportant avec eux des détails sur ce qui se passe ailleurs, il ne suffit déjà plus d'exiger simplement de ces hommes qu'ils exécutent purement et simplement les ordres du Gouvernement: il faut, en outre, obscurcir les idées justes que le peuple a sur la vie et lui inspirer des idées étrangères sur les conditions de sa vie et sur sa situation vis-à-vis des autres peuples. Or, justement, grâce à la diffusion de l'imprimerie, de l'instruction et des moyens de communication, les Gouvernements, qui ont partout leurs agents, se servent des oukases, des sermons. des écoles et des journaux, pour inspirer au peuple les idées les plus singulières et les plus fausses touchant ses intérêts, les rapports des peuples entre eux, leurs caractères et leurs intentions. Le peuple, de son côté, est tellement écrasé de travail, qu'il n'a ni le temps ni le moyen de comprendre le sens et de vérifier l'exactitude de ces idées qu'on lui inspire et de ces ordres auxquels, dit-on, au nom même de son intérêt, il lui faut obéir sans murmurer.

Les hommes sortis du peuple qui parviennent à se soustraire à un travail incessant et qui s'instruisent, arrivant ainsi, semble-t-il, à comprendre la duperie dont ils sont victimes, sont en butte à tant de menaces, sont l'objet de tant d'offres alléchantes, sont tellement hypnotisés par le

Gouvernement, qu'ils passent bientôt de son côté ; ils acceptent des postes avantageux de professeurs, de prêtres, d'officiers et d'employés, et commencent à répandre à leur tour cette duperie qui mène leurs frères à la perte. On dirait qu'à la porte de l'instruction est tendu un filet dans lequel se font prendre tous ceux qui ont pu s'échapper de la masse du peuple étouffé sous le travail.

D'abord, quand on comprend la cruauté de cette duperie, on se sent malgré soi bouillonner d'indignation contre ceux qui, au nom de leurs avantages égoïstes, pratiquent cette fraude qui détruit le corps et l'âme des peuples ; et on veut les démasquer, ces trompeurs. Mais voici : ils ne trompent pas pour leur plaisir de tromper, mais seulement parce qu'ils ne peuvent faire autre- ment. Ils ne trompent pas d'une façon machiavélique, ils n'ont même pas cons- cience d'agir ainsi; et, le plus souvent, au contraire, ils croient défendre une idée bonne et sublime, et la complicité de leur entourage les fortifie sans cesse dans cette conviction.

Sans doute, c'est parce qu'ils sentent confusément l'intérêt qu'ils y ont, qu'ils sont entraînés à cette duperie, mais ils l'exercent non pas pour donner au peuple des idées fausses, mais pour assurer, pensent-ils, son intérêt.

Ainsi, les empereurs, les rois et leurs ministres, quand ils font leurs couronne- ments, leurs manœuvres, leurs revues, quand ils se rendent visite entre eux, vêtus d'uniformes variés, et, quand avec un visage sérieux, ils se consultent sur le moyen de réconcilier des peuples ennemis (ces peuples, notez-le bien, n'ont jamais songé à s'attaquer les uns les autres), sont tout à fait persuadés que ce qu'ils font est chose sage et utile.

De même, tous les ministres, tous les diplomates et tous les fonctionnaires, quand ils revêtent leurs uniformes constellés de croix et de rubans, quand ils écrivent avec soin sur du beau papier leurs réflexions confuses, embrouillées, et que personne n'entend, leurs rapports, leurs ordres et leurs projets, sont intimement convaincus que, sans cela, la vie des peuples serait arrêtée ou, tout au moins, dérangée. De même, les militaires sont convaincus que leurs revues et leurs manœuvres et, d'une façon générale, tous les préparatifs du meurtre sont les choses les plus utiles et les plus importantes pour le peuple.

De même aussi, le clergé qui prêche le patriotisme, et les journalistes, et tous ceux qui font des vers ou des manuels patriotiques, pour lesquels ils reçoivent de belles récompenses, tous croient la même chose. Il n'existe pas non plus de doute à cet égard dans l'esprit des ordonnateurs de fêtes semblables aux fêtes franco-russes, qui s'attendrissent en prononçant leurs discours et leurs toasts patriotiques. Tous ces gens agissent ainsi inconsciemment, parce qu'ils sont forcés d'agir ainsi, car leur existence est tout entière fondée sur cette duperie et ils ne sauraient rien faire d'autre ; cependant, ces actions même font naître de la sympathie et des encouragements dans le milieu où elles se produisent. Intimement liés les uns aux autres, ils s'approuvent et s'excusent mutuellement : les empereurs et les rois excusent et approuvent ce que font l'armée, le clergé et l'ensemble des fonctionnaires ; ceux-ci, à leur tour, approuvent et excusent ce que font les empereurs et les rois. Cependant, la foule du peuple, surtout la foule des villes, ne voyant aucune raison qui lui soit accessible, dans tout ce que font ces gens, est, malgré elle, amenée à attribuer à leurs actions une signification spéciale et presque surnaturelle. La foule, par exemple, qui voit dresser des arcs de triomphe ; qui voit passer

des gens parés de couronnes, d'uniformes,
de vêtements sacerdotaux ; qui voit allumer
des feux d'artifice, tirer le canon, sonner
les cloches, et des gens courir derrière la
musique des régiments ; qui voit voler des
papiers, des télégrammes et des courriers ;
cette foule, incapable d'imaginer que tout
cela (comme c'est le cas) se fasse sans la
moindre raison, attribue à tout ce mouvement une importance mystérieuse ; elle
accueille tous ces gens par des hourras ou
par un silence plein de respect. Cependant,
ces cris de joie ou ce respect confirment
de plus en plus ceux d'en haut dans l'idée
au nom de laquelle ils font toutes ces sottises.

Ainsi, par exemple, récemment, Guillaume II se commanda un nouveau trône

agrémenté d'ornements spéciaux. Puis, vêtu d'un uniforme blanc, d'une cuirasse, d'un pantalon collant, d'un casque surmonté d'un oiseau, et portant sur tout cela un manteau rouge, il se présenta devant ses sujets, et il s'assit sur ce trône neuf, intimement convaincu que son action était très utile et très importante; quant à ses sujets, non seulement ils ne virent rien là de ridicule, mais ils trouvèrent ce spectacle tout à fait imposant.

XVI

Depuis longtemps déjà, l'autorité des Gouvernements ne repose plus sur la force, comme c'était le cas jadis lorsqu'une nation en soumettait une autre et la maintenait dans l'obéissance par la force des armes, ou bien lorsque, au milieu du peuple sans armes, le souverain tenait des troupes de janissaires, d'*opritchniki*[1] ou de gardes. Il y a déjà un temps assez long que l'autorité

[1] Nom donné aux gardes d'Ivan IV le Terrible.

des Gouvernements repose sur ce qu'on appelle *l'opinion publique*. Il existe une opinion publique, d'après laquelle le patriotisme est un haut sentiment moral, et d'après laquelle il est beau de considérer son pays comme le meilleur qui soit au monde ; de cette opinion découle naturellement cette autre qu'il est beau et qu'il est nécessaire de reconnaître au-dessus de soi-même l'autorité des Gouvernements et de s'y soumettre ; qu'il est beau et qu'il est nécessaire de faire son service militaire et de se soumettre à la discipline, de donner au Gouvernement, sous forme d'impôts, le fruit de ses épargnes, de se soumettre à la décision des tribunaux, et enfin de croire sans preuve ce que des personnages officiels nous donnent pour la vérité divine. Il existe une opinion publique de ce genre et, grâce à elle, une autorité toute-puissante s'est installée, qui, de nos jours, dispose de milliards, d'un mécanisme de Gouvernement tout agencé, de postes, de télégraphes, de téléphones, d'armées disciplinées, de tribunaux, d'une police, d'un clergé obéissant, d'écoles, et même d'une presse ; et cette force même provoque à son tour chez le peuple l'opinion publique nécessaire pour assurer l'autorité.

La force des Gouvernements repose sur l'opinion publique ; or, ayant la force, ils peuvent toujours, grâce à leurs instruments, les fonctionnaires, les juges, les instituteurs, le clergé et la presse, provoquer telle opinion publique qui leur est nécessaire pour se maintenir. L'opinion publique produit la force, et la force produit l'opinion publique. Il semble qu'on ne puisse sortir de là.

On ne sortirait pas, en effet, d'un tel cercle, si l'opinion publique était une chose stable, invariable, et si les Gouvernements pouvaient provoquer telle nuance d'opinion publique qui leur est justement nécessaire.

Par bonheur, il n'en est rien. L'opinion publique n'est pas stable, immuable ; tout au contraire, elle varie sans cesse en même temps que l'humanité varie. De plus, non seulement l'opinion publique ne peut être déterminée au gré des Gouvernements, mais c'est elle qui fait naître les Gouvernements et leur fournit leur force.

Il peut sembler que l'opinion publique

reste immobile et qu'elle soit aujourd'hui ce qu'elle était il y a dix ans ; il peut sembler aussi que, dans certains cas, elle soit indécise et fasse des retours vers le passé, supprimant par exemple une république pour la remplacer par une monarchie, et *vice versa* ; mais c'est là une simple apparence qui se présente à nous quand nous examinons certains cas particuliers et sans un éloignement suffisant. Que l'on examine, au contraire, l'opinion publique durant une longue période d'années et non pas seulement par rapport à une question donnée, mais par rapport à toute la vie des hommes, — on s'apercevra alors que l'opinion publique, comme le jour et comme les saisons, ne reste jamais immobile, mais qu'elle s'avance sans cesse et invinciblement sur la route que suit l'humanité, tout de même que, en dépit des obstacles, le jour et le printemps suivent invinciblement la route que leur trace le soleil.

Si nous examinons les variations de l'opinion publique depuis cent ans, nous pouvons remarquer que l'opinion publique des classes dirigeantes d'alors, cette opinion qui autorisait le servage, la torture et les peines corporelles, est devenue une sorte de légende ; au contraire, ce que les gens d'il y a cent ans considéraient comme une utopie est devenu aujourd'hui une opinion courante.

Si nous examinons les hésitations de l'opinion publique relativement, par exemple, à la suppression de la monarchie et à son remplacement par une république, et *vice versa*, relativement aux guerres, aux tentatives de réconciliation, puis aux guerres qui éclataient de nouveau, — nous verrons que ces hésitations ne sont qu'apparentes : la nouvelle république française et la nouvelle monarchie italienne ne sont nullement ce qu'étaient les régimes du même nom qui reposaient sur l'opinion publique d'il y a cinquante ans; de même aussi, le sentiment qu'a aujourd'hui le peuple à propos de la guerre n'est nullement ce qu'il était il y a cinquante ans. Tout comme il y a cinquante ans, il existe aujourd'hui des souverains et des troupes; il y a des guerres, des impôts, du luxe et de la misère, des religions comme le catholicisme, l'orthodoxie grecque, le luthéranisme; mais l'opinion publique vis-à-vis de ces choses, s'est modifiée, et elle se modifie encore chaque jour.

Ce mouvement de l'opinion publique nous échappe bien souvent, comme nous échappe le mouvement de l'eau, dans une rivière dont nous suivons le courant; c'est que les modifications imperceptibles, dont se compose le mouvement de l'opinion publique, se produisent en nous-mêmes.

Le propre de l'opinion publique, c'est d'aller en avant sans cesse et invinciblement. Si bien qu'à proprement parler, il ne peut jamais y avoir d'opinion publique telle, qu'elle serve de base aux actions d'un homme durant un certain laps de temps; cela ne saurait être, puisque l'opinion publique ne s'arrête jamais. Une opinion publique, du genre de celles que nous avons vues déjà à plusieurs reprises s'arrêter assez longtemps, n'est pas véritable; c'est le cadavre d'une opinion publique, c'en est la cendre, la cendre qui se trouve partout où il y a eu du feu, et qui empêche la flamme de se dégager; ou bien encore, c'est une herbe vieille et flétrie qui se trouve partout où naît l'herbe nouvelle et qui la gêne dans sa croissance. L'opinion publique varie sans cesse. Si nous croyons qu'elle reste en place durant un certain temps, c'est parce qu'il y a toujours des gens qui se sont fait une situation avantageuse à un certain moment de l'opinion publique, et qui, par suite, font tous leurs efforts pour faire durer ce moment et ne pas laisser paraître la jeune et véritable opinion publique, inexprimée encore, mais déjà vivante au cœur du peuple. Or, ces gens qui retiennent une opinion publique qui a fait son temps, et qui s'opposent à l'éclosion d'une nouvelle opinion, ce sont actuellement les membres du Gouvernement et des classes dirigeantes qui prêchent le patriotisme comme une condition nécessaire de la vie de l'humanité.

Les instruments dont ils disposent sont d'une puissance énorme; mais, comme l'opinion publique coule et grossit éternellement, ces instruments sont impuissants: les vieilles idées tombent; les jeunes se développent et poussent.

Plus longtemps on empêchera l'opinion publique de s'exprimer, plus elle prendra de forces, et plus elle s'affirmera violemment.

Les Gouvernements et les classes dirigeantes font tous leurs efforts pour retenir la vieille opinion relative au patriotisme, parce que leur puissance y est appuyée, et ils s'efforcent en même temps d'empêcher la naissance d'une nouvelle opinion publique qui porterait le dernier coup à leur autorité. Mais cela ne leur réussit que dans une certaine mesure : une digue ne retient que jusqu'à un certain point une eau courante.

En dépit des efforts que font les Gouvernements pour faire naître au cœur des peuples cette opinion publique d'autrefois, d'après laquelle le patriotisme est un beau et brillant sentiment, les hommes de notre temps ne croient déjà plus au patriotisme, et, de plus en plus, ils ont foi dans la solidarité et dans la fraternité des peuples. Le patriotisme ne représente plus rien qu'un effrayant avenir ; la fraternité des peuples est un idéal qui semble de plus en plus accessible à l'humanité et qui est désiré par elle. Par conséquent, les hommes doivent nécessairement passer de l'ancienne opinion publique, qui a fait son temps, à la nouvelle opinion. Ce changement est aussi inévitable que l'est au printemps la chute des feuilles mortes et l'épanouissement des jeunes feuilles contenues dans les bourgeons gonflés de sève.

Plus ce passage est retardé, plus il devient pressant, et plus la nécessité en saute aux yeux.

En réalité, nous n'avons qu'à nous souvenir de notre foi, en tant que chrétiens et en tant qu'hommes de notre temps, tout simplement; nous n'avons qu'à nous souvenir des idées fondamentales qui nous guident dans nos rapports avec la société, avec notre famille et avec nous-mêmes, — et en même temps de la situation dans laquelle nous met le patriotisme; nous verrons combien il y a de contradictions entre notre foi et ce que les efforts répétés des Gouvernements nous font considérer comme l'opinion publique de notre temps.

Il suffit de se représenter un instant les actions que le patriotisme exige de nous comme simples et naturelles, pour voir combien ces actions, exigées de nous, diffèrent de l'opinion que nous partageons tous aujourd'hui. Tous, nous nous regardons comme des hommes libres, instruits, humains, et même comme des chrétiens;

or, d'autre part, notre situation à nous tous est telle que si, demain, Guillaume prend mal un mot d'Alexandre, ou bien si M. X... écrit un article belliqueux sur la question d'Orient, ou bien si quelque prince vient à piller des Bulgares ou des Serbes, ou bien si quelque reine ou quelque impératrice s'offense de ceci ou de cela, — alors, nous tous, chrétiens instruits et humains, nous serons obligés d'aller tuer des gens que nous ne connaissons point et envers lesquels nous avons des sentiments d'amitié comme envers tous les hommes. Si le fait ne s'est pas produit encore, nous le devons, nous assure-t-on, à l'amour qu'Alexandre III professe pour la paix, ou à ce fait que Nicolaï Alexandrovitch va épouser une petite-fille de la reine Victoria.

Mais qu'un autre succède à Alexandre, ou que lui-même change d'idées, ou que Nicolaï Alexandrovitch épouse Amélie et non Alice, et l'on nous verra, semblables à des bêtes avides de sang, nous jeter les uns sur les autres et nous arracher les entrailles. Telle est la prétendue opinion publique de notre temps. Ces réflexions se retrouvent dans tous les plus grands organes libéraux.

Si nous qui sommes chrétiens depuis des milliers d'années, ne nous sommes pas égorgés mutuellement, c'est uniquement parce que Alexandre III ne nous le permet point.

Mais cela est horrible !

XVII

Pour produire dans la vie de l'humanité
les modifications les plus grandes et les
plus importantes, point n'est besoin de
hauts faits d'armes : il est inutile d'armer
des millions d'hommes, de construire de
nouvelles machines et de nouvelles routes,
de faire des expositions, des fédérations
d'ouvriers, des révolutions, des barricades,
de faire éclater des bombes, ni d'inventer
les ballons dirigeables, — il suffit tout
simplement que l'opinion publique se

modifie. Or, pour que cette modification se produise, il ne faut pas d'efforts de pensée ; nous n'avons ni à rejeter rien de ce qui existe, ni à inventer rien de nouveau : il suffit de cesser d'obéir à cette opinion publique déjà morte que les Gouvernements nous suggèrent artificiellement ; il suffit que chaque homme dise ce qu'il pense et sent réellement ou, tout au moins, qu'il ne dise pas ce qu'il ne pense point. Si seulement un petit nombre d'hommes faisaient cela, on verrait tomber d'elle-même cette vieille opinion publique et en paraître une autre, la véritable. Or, si l'opinion publique vient à se modifier, on verra se modifier du même coup toute l'économie intérieure de la vie humaine, toute cette organisation actuelle qui nous lasse et nous torture. On a conscience à dire combien peu de chose suffirait pour délivrer tous les hommes de ces misères qui les étouffent : il suffit de ne pas mentir. Que les hommes ne se laissent pas aller au mensonge qu'on leur souffle, qu'ils ne disent pas ce qu'ils ne pensent ni ne sentent, il se produira sur l'heure, dans toute l'organisation de notre existence, un changement que les révolutionnaires n'amèneraient même pas en plusieurs siècles, même s'ils disposaient de la puissance souveraine.

Oh ! si les hommes pouvaient seulement se persuader que la force n'est pas dans la force, mais dans la vérité, et s'ils s'y tenaient en paroles et en actions, s'ils ne disaient pas ce qu'ils ne pensent pas, s'ils ne faisaient pas ce qui, à leurs yeux, n'est pas bien !

« Qu'y a-t-il donc là de si grave à crier :
Vive la France! — ou bien : « Hourra ! à un
empereur, à un roi ou à quelque vain-
queur? » — Ou bien : « Qu'y a-t-il de si
grave à écrire un article pour défendre
l'alliance franco-russe, ou une guerre de
tarifs, ou pour blâmer les Allemands, les
Russes ou les Anglais ? » — Ou bien :
« Qu'y a-t-il donc de si grave à se mêler à
une fête patriotique, à porter des toasts
et à prononcer des paroles flatteuses à
l'adresse de gens qu'on n'aime pas et avec
lesquels on n'a rien à faire? » — Ou même :
« Qu'y a-t-il de si grave à déclarer en conversation que les traités et les alliances
sont utiles et bienfaisants, ou bien à se
taire lorsqu'en votre présence on porte aux
nues un peuple et un Gouvernement, tandis

qu'on dit du mal des autres peuples, ou lorsqu'on loue le catholicisme, la religion orthodoxe, le luthéranisme, ou bien quelque héros militaire ou quelque personnage comme Napoléon, Pierre le Grand, ou, de nos jours, comme Boulanger et Skobélef ? »

Tout cela, en somme, n'a pas l'air si grave. Cependant c'est en nous abstenant d'accomplir ces actions qui nous semblent peu importantes, c'est en montrant dans la mesure de nos forces la sottise des choses qui nous apparaissent telles, que nous retrouverons notre puissance invincible, cette force qui constitue l'opinion publique réelle, cette opinion qui, dans son progrès, entraîne le progrès de l'humanité.

Les Gouvernements savent cela et tremblent devant cette force : ils la combattent par tous les moyens dont ils disposent.

Ils savent que la force ne réside pas dans la force physique, mais dans la pensée et dans sa claire expression ; aussi craignent-ils une pensée indépendante qui s'exprime, bien plus qu'ils ne craignent une armée ; c'est pour cela qu'ils établissent des censeurs, qu'ils achètent les journaux, qu'ils se saisissent de l'administration de la religion et des écoles. Mais cette force spirituelle qui mène le monde leur échappe : elle ne réside pas même dans le livre, dans le journal ; elle est insaisissable et libre toujours, elle est au fond de la conscience des hommes. Cette force toute-puissante, insaisissable et libre, est celle qui apparaît dans l'âme d'un homme lorsque, seul, il songe en lui-même aux événements. du monde, puis ensuite, involontairement, expose sa pensée à sa femme, à son frère, à un ami, à toutes les personnes avec lesquelles il est lié, et envers lesquelles il croirait pécher, s'il leur cachait ce qu'il croit être la vérité. Ni les milliards de roubles, ni les millions de soldats, ni les institutions, ni les guerres, ni les révolutions ne feront jamais ce que peut faire un homme libre lorsqu'il exprime tout simplement ce qu'il croit juste, sans se laisser troubler par ce qui existe et par ce qu'on lui souffle.

Un homme libre dira franchement sa pensée et son sentiment au milieu de milliers d'hommes dont la conduite et les paroles expriment tout le contraire. Il semblerait que celui qui dit avec sincérité sa pensée dût rester isolé : mais, le plus souvent, il arrive que tous ou du moins la plupart des hommes ont depuis longtemps la même pensée et le même sentiment, seulement qu'ils ne les expriment pas. Ainsi, ce qui représentait hier l'opinion d'un seul homme deviendra bientôt celle de la majorité. Or, à peine cette opinion publique se sera-t-elle établie, que la conduite des hommes changera.

Sans doute, chacun fût-il libre, se dit en lui-même : « Que puis-je faire, tout seul en face de cet océan de méchanceté et de duperie qui nous envahit ! A quoi bon exprimer sa pensée ? A quoi bon même la démêler ! Mieux vaut ne pas songer à ces questions sombres et embrouillées. Il est possible que ces contradictions soient les conditions mêmes de la vie. »

« Pourquoi irais-je lutter à moi tout seul contre tout le mal qui est sur terre ? Ne vaut-il pas mieux me laisser aller au courant qui m'entraîne ? S'il est possible de faire quelque chose, je ne le ferai pas tout seul, mais en commun avec d'autres. » Et, laissant là cette arme toute-puissante de la pensée qui s'exprime, chacun s'efforcera de trouver une arme qui serve à une action commune, sans faire attention que toute action en commun repose sur ces principes mêmes qu'il veut combattre, et que, en entrant dans l'activité publique telle qu'elle existe de nos jours, tout homme devra, ne fût-ce qu'un peu, renoncer à la vérité et faire des concessions qui détruiront cette force toute-puissante qui lui était donnée pour le combat. C'est comme si un homme, à qui l'on aurait donné un couteau si bien affilé qu'il coupe tout, s'amusait, avec le tranchant de la lame, à enfoncer des clous.

Nous pleurons tous sur l'ordre social qui est mal établi et en contradiction avec tout notre être; or, non seulement nous n'usons pas de la seule arme toute-puissante qui soit en notre pouvoir : la conscience et la confession de la vérité ; mais, au contraire, sous prétexte de combattre le mal, nous détruisons cette arme et la sacrifions à un combat supposé contre cet ordre social.

L'un ne dit pas la vérité qu'il sent, parce qu'il se croit obligé à quelque retenue vis-à-vis des gens avec lesquels il est lié ; l'autre, parce que la vérité pourrait lui faire perdre la situation avantageuse grâce à laquelle il nourrit sa famille ; un troisième, parce qu'il aspire à la gloire et à la puissance pour les faire servir ensuite au bien public ; un quatrième, parce qu'il ne veut pas contredire de vieilles traditions religieuses ; un cinquième, parce qu'il ne veut blesser personne.

L'un est empereur, roi, ministre, fonctionnaire, soldat, et affirme aux autres comme à lui-même que la légère entorse que, dans sa position, il est forcé de donner à la vérité, est compensée par l'avantage qu'il en tire. L'autre est un pasteur des âmes ; au fond du cœur, il ne croit pas à ce qu'il enseigne, mais il se permet de s'écarter de la vérité à cause de l'avantage qu'il en tire. Un troisième enseigne la littérature et, bien qu'il taise la vérité pour ne pas soulever contre lui le Gouvernement et la société, il ne doute pas qu'il n'en tire profit ; un quatrième est en guerre directe avec l'ordre existant, comme les révolutionnaires, les anarchistes, et il croit fermement que le but qu'il poursuit est si noble que ni le silence, qu'il est obligé de garder sur la vérité, ni même le mensonge, auquel il est condamné pour atteindre son but, ne nuisent à la noblesse de ses actions.

Pour que notre ordre social, contraire à la conscience des hommes, fît place à un ordre qui y fût conforme, il faudrait que la vieille opinion publique usée fût remplacée par une opinion plus jeune et pleine de vie. Or, pour cela, il faudrait que les hommes qui ont conscience des nouvelles exigences de la vie, les exprimassent clairement. En réalité, tous ceux qui ont conscience de ces exigences, pour une raison ou pour une autre, les passent sous silence, tandis que, par leurs actions et leurs paroles, ils soutiennent le contraire de ces exigences.

Seule la vérité, la vérité exprimée, est capable de jeter les fondements de cette nouvelle opinion publique qui doit transformer notre ordre social vieux et funeste; cependant, non seulement nous ne disons pas cette vérité quand nous la savons, mais, souvent, nous disons ce que nous savons être faux.

Que seulement les hommes libres ne mettent pas leur confiance dans un principe qui n'est ni fort, ni libre, je veux dire la

puissance extérieure, mais qu'ils aient foi
dans un principe libre et fort, dans la
vérité, dans la vérité qui s'exprime! Qu'ils
confessent hardiment et clairement la
vérité qui s'est révélée à eux touchant la fraternité de tous les peuples et le crime que
commettent ceux qui préfèrent leur pays
à tous les autres, et l'on verra tomber,
comme une peau morte, cette vieille et
menteuse opinion publique qui sert d'appui
à l'autorité des Gouvernements ; et, avec
elle, disparaîtra tout le mal que font ceux-
ci. La jeune opinion publique apparaîtra
alors : elle n'attend que la chute de sa de-
vancière pour exprimer clairement et avec
force toutes ces prescriptions exige, et pour
combiner de nouvelles formes de vie qui
correspondent à notre conscience.

XVIII

Ah ! si les hommes pouvaient comprendre seulement que ce qu'on leur donne pour l'opinion publique, ces sentiments que l'on provoque en eux par des moyens si artificiels et si compliqués, n'est pas la véritable opinion publique, mais seulement le cadavre d'une opinion publique d'autrefois ; avant tout, s'ils croyaient en eux-mêmes, s'ils croyaient à ce que leur dit le fond de leur conscience, à ce que chacun d'eux est tenté de dire, et qu'il ne dit pas parce qu'il croit être en contradiction avec la prétendue opinion publique! Voilà la force qui transformera le monde, la force dont l'avènement est le but de l'humanité. Si les hommes pouvaient comprendre que la vérité n'est pas ce qu'on dit autour d'eux, mais ce que leur dit leur conscience, c'est-à-dire Dieu, sur-le-champ l'opinion publique actuelle, artificielle et mensongère, disparaîtrait pour faire place à la vérité.

Si seulement les hommes disaient ce qu'ils pensent, et non ce qu'ils ne pensent point, aussitôt s'évanouiraient les idées superstitieuses qui découlent du patriotisme, et tous les mauvais sentiments, et toutes les violences qui sont fondées sur lui. Aussitôt s'évanouirait la haine de pays à pays, et de peuple à peuple, cette haine

que les Gouvernements attisent; on cesserait de porter aux nues les exploits militaires, c'est-à-dire le meurtre; on cesserait,
surtout, de respecter la puissance, de lui
donner son travail et de lui obéir, à elle qui
n'est fondée sur rien, que sur le patriotisme.

Si ces choses pouvaient se réaliser,
aussitôt la foule énorme des hommes
faibles et dirigés du dehors se porterait
du côté de la nouvelle opinion publique
qui détrônera l'ancienne.

Que les Gouvernements dirigent les
écoles, les imprimeries, qu'ils disposent
de milliards de roubles et de millions
d'hommes transformés en machines : toute
cette organisation de force brutale, qui
semble si terrible, n'est rien devant la cons-

cience de la vérité qui naît dans l'âme de tout homme qui en sait la force, car, de cet homme, cette conscience se transmet à un second, puis à un troisième, comme une bougie sert à en allumer d'autres, à l'infini. Il suffira de se chauffer à cette lumière et, de même que la cire fond devant la flamme, on verra fondre devant elle toute cette organisation qu'on avait cru si forte.

Si les hommes comprenaient seulement l'effrayante puissance qui leur a été donnée dans le mot qui exprime la vérité, et s'ils ne vendaient pas leur droit d'aînesse pour un plat de lentilles ! Si les hommes se servaient de cette force qui est à eux, alors les puissants n'oseraient plus menacer le peuple de cette tuerie générale où ils peuvent, à leur gré, les conduire ou ne pas les conduire ; ils n'oseraient plus faire sous les yeux des populations pacifiques leurs revues et leurs manœuvres avec des meurtriers disciplinés ; et ils n'oseraient plus, dans leur intérêt et celui de leurs complices, faire des traités douaniers, non plus que tirer du peuple ces millions de roubles qu'ils emploient à préparer le meurtre.

Or, un tel changement, non seulement est possible, mais il est nécessaire. Il est nécessaire comme la chute d'un arbre mort et comme la croissance d'un jeune arbre.

« Je vous laisse le monde, je vous le donne : que votre cœur ne faiblisse pas et qu'il ne s'effraye point, » a dit le Christ. Or, ce monde est réellement parmi nous

et il ne dépend que de nous de le con-
quérir.

Si seulement le cœur de chaque homme
pouvait ne pas faiblir devant les tentations
qui l'approchent sans cesse, si seulement
il ne s'effrayait point de ces périls imaginaires dont on cherche à lui faire peur! Si
les hommes pouvaient comprendre en quoi
réside leur force toute puissante et victo-
rieuse, alors ce monde que les hommes
ont toujours désiré, non pas celui que
l'on conquiert par des traités, par des
voyages impériaux et royaux d'une ville à
l'autre, par des festins, des discours, des
forteresses, des canons, par la dynamite
et la mélinite, par des impôts qui écrasent
le peuple, par les jeunes hommes, la
fleur de la nation, que l'on éloigne du

travail et que l'on corrompt, — mais bien celui que chacun de nous conquiert en ayant pour religion la vérité, ce monde, dis-je, serait depuis longtemps établi parmi nous.

Moscou, 17/29 mars 94.

TOURS

IMPRIMERIE DESLIS FRÈRES

RUE GAMBETTA, 6